Impressum:
© 2024 – **Herzsprung-Verlag**

www.herzsprung-verlag.de
info@herzsprung-verlag.de

Mühlstraße 10 – 88085 Langenargen – Deutschland
Alle Rechte vorbehalten. Deutsche Erstauflage 2023. Das Werk
einschließlich aller seiner Teile ist urheberrechtlich geschützt.

***

Chefredakteur: Hai Fei, Verfasser: Qiao Bing,
Originalausgabe erschienen: Dolphin Books, Beijing China
Übersetzung: Duan Lijie

Dolphin Books
All Rights Reserved

Copyright-Agent der deutschen Ausgabe:
Beijing IntelWave International Culture Communication Co., Ltd.

iw@iwculture.com

***

B&R Book Program

Druck: Bookpress - Polen

ISBN: 978-3-96074-842-7 - Taschenbuch
ISBN: 978-3-96074-843-4 - E-Book

Die wiedergefundenen Fresken

Fresken

Geschichten zum Denkmalschutz
am Dunhuang Forschungsinstitut in Gansu

Chefredakteur: Hai Fei   Verfasser: Qiao Bing
Übersetzung: Duan Lijie

Herzsprung-Verlag

Inhalt

Vorbemerkung des chinesischen Verlags

Helden erhellen die Epoche
– Vorbilder sind um uns

Jede Epoche hat ihre Helden. In Zeiten des Krieges hat eine Reihe von Helden für den Aufstieg der chinesischen Nation ihr Blut opferbereit vergossen. Sie verkörperten den hochwertigen Nationalgeist und die edle moralische Integrität des chinesischen Volkes. Zhao Yiman, Liu Hulan, Dong Cunrui, Huang Jiguang, Qiu Shaoyun … diese schillernden Namen und ihre Heldentaten sind in aller Munde und verdienen es, dass man sich ihrer für immer erinnert. Die genannten Namen Frau Zhao Yiman, Frau Liu Hulan, Herr Dong Cunrui, Herr Huang Jiguang und Herr Qiu Shaoyun sind alle Heldenfiguren aus dem Widerstandskrieg des chinesischen Volkes gegen die japanische Aggression (1931-1945), dem chinesischen Befreiungskrieg (1946-1950) und dem antiamerikanischen Widerstandskrieg zur Unterstützung von Korea (1950-1953). Sie haben sich für die Freiheit des chinesischen Volkes und Chinas Frieden eingesetzt und das Leben geopfert.

Heutzutage gibt es immer noch unzählige Helden um uns herum, sie sind die „Vorbilder der Zeit", die sich selbstlos in ihren Positionen engagieren.

„Vorbilder der Zeit" sind wichtige nationale Modelle, die von der Zentralen Propagandaabteilung organisiert und bekannt gemacht werden. Die Leute sind edel gesinnt, haben rührende Geschichten und weitreichende Einflüsse. Sie verkörpern die Einstellungsnormen und traditionellen Tugenden des chinesischen Volkes, u. a. Vaterlandsliebe, Hingabe, Ehrlichkeit, Freundlichkeit, und erhellen, wie den Himmel erhellende Sterne, unsere Epoche. Gleichzeitig sind sie auch ganz normale Menschen, die im Stillen ihrem alltäglichen Dienst nachgehen und dadurch großartige Beiträge leisten.

Um Schülern der Primar- und Sekundarstufe die beeindruckenden Geschichten der „Vorbilder der Zeit" besser vermitteln zu können, um das nationale Selbstvertrauen und den Stolz auf das Vaterland zu fördern, gibt der Dolphin Verlag die Buchreihe „Vorbilder der Zeit" heraus, in der für jedes Buch ein „Vorbild der Zeit" (oder eine vorbildliche Gruppe) vorgestellt wird. Prominente Kinderbuchautoren des Landes wurden eingeladen, die Taten der Vorbilder zu bearbeiten, die Handlung sorgfältig zu gestalten und die Figuren anschaulich zu porträtieren, wodurch den Schülern ein besseres Leseerlebnis geboten wird.

Das ganze Leben ist ähnlich wie das Zuknöpfen der Kleidung. Ist der erste Knopf durch ein falsches Knopfloch gesteckt, verpassen die anderen Knöpfe wohl die richtige Reihe. Aller Anfang ist sozusagen schwer. Die Schwierigkeit liegt genau darin, den richtigen ersten Schritt zu gehen. Welchen „Anfangsknopf" man fürs ganze Leben wählt, ist vergleichbar damit, was für einen Wert des Lebens man anstrebt. Erst wenn man den richtigen ersten Schritt geht, erst wenn man den richtigen ersten Knopf wählt, geht man auf den richtigen Weg des Lebens.

Deshalb hoffen wir mit der vorliegenden Buchreihe darauf, den Grund- und Mittelschülern die Helden unserer Zeit vorzustellen. Dadurch, dass die Schüler mehr von ihren vorbildlichen Taten wissen, entwickeln sie richtige Wertanschauungen und ein edles Lebensziel, was auch das „richtige Zuknöpfen" für das Lebens bedeutet.

Dolphin Books
Dezember 2019

1. Die uneingeladenen Gäste in der Tiefe der Wüste

In unendlicher Weite erstreckt sich die Wüste, in der wellenförmige Sanddünen zu sehen sind. So weit der Blick reicht, herrscht nur die Stille, ohne eine Spur von Grün verstreuen sich einzelne Kameldornen und Rhizome, die im sengenden Sonnenlicht grau und dreckig werden und die Trostlosigkeit dieser Welt zeigen.

In der Ferne am Horizont taucht eine Kamelkarawane auf. Der führende Kamelreiter geht ausdruckslos, gefolgt von sechs Kamelen, auf denen jeweils ein Mann halb liegend sitzt. Ihre Gesichter sind voll gelbem Sand, die trockenen, rissigen Lippen zeigen, wie staubig die Reise war. Wenn ein Windstoß vorbeifliegt, ändert sich die Miene des Kamelreiters leicht, und er streckt die Hand aus, deutet in eine Richtung hin.

„Die Tausend-Buddha-Höhle, von der ihr die ganze Zeit geredet habt, ist gleich da vorne."

„Angekommen?!" Die sechs Männer, die eben noch fast im Sterben lagen, setzen sich auf einmal wie gedopt auf ihren Kamelen auf und fragen wiederholt: „Wo ist sie? Wo ist die Tausend-Buddha-Höhle?"

Sie folgen der Richtung des führenden Kamelreiters und sehen eine Klippe, die sich vor ihnen auftürmt. An den Wänden der Klippe gibt es Höhlen, die sich in malerischer Ordnung reihen. In der Tiefe der Wüste, wo nichts anderes als gelber Sand ist, wirken sie so großartig wie die Augenpaare, die mächtig und würdevoll hinab auf diese Gruppe unerwünschter Gäste schauen.

In der Mitte der Höhlengruppe ragt an die Klippe gelehnt ein riesenhaftes Gebäude auf. Die Schellen, die am Dachvorsprung hängen, geben im langen Wind der Wüste ein helles und wechselhaftes „ding-ling" von sich, das weit ausgedehnt klingt.

„Da ist das neunstöckige Gebäude und darüber hängt das eiserne Pferd ..." Bevor der leitende Kamelreiter mit dem Erzählen zu Ende ist, dreht sich Chang Shuhong schon um und springt vom Kamel, gefolgt von Gong Xiangli, Chen Zanting, Chen Yanru, Xin Pude und Liu Rongzeng ... Sie rennen stolpernd in Richtung der lang ersehnten Höhlen, scheinen all die Strapazen vom langen Marsch hinter sich zu lassen. Der Kamelführer schaut ihnen nach, schüttelt leicht den Kopf und seufzt: „Eben fielen sie noch fast um, warum rennen die jetzt begeistert dorthin, wo die tausend Höhlen in Sicht sind?"

Die Zeit scheint stillzustehen. Die Sonne wirft ihren Schein auf die prächtigen Wandmalereien und die exquisiten farbenfrohen Skulpturen, überzieht sie mit einer Schicht aus zartem, goldenem Licht. Zwar ist die Höhle voll gelbem Sand und einige Wandmalereien sind gesprenkelt, mehrere farbige Statuen angeschlagen oder sogar fast zerstört, all das kann ihre atemberaubende Schönheit aber nicht verbergen. Chang Shuhong und seine Gruppe vergessen den gelben Sandsturm, der vor der Höhle herumzieht. Ihre Augen sind weit aufgerissen und sie bewegen sich langsam, denn sie würden ein wunderschönes Bild verpassen, wenn sie nur ein bisschen mehr blinzeln oder schneller gehen würden.

Die Zeit vergeht langsam. Wenn die Sonne westlich untergeht, wird die Höhle langsam düster, bis die Wandmalereien nicht mehr klar zu sehen sind. Erst da kommen die Leute unwillig heraus, gehen zum Huangqing Tempel, wo sie übernachten sollen.

Im vorderen und hinteren Teil des Huangqing Tempels befinden sich zwei Höfe, im vorderen Hof stehen zwei alte Ulmen, die aus der Qing-Dynastie (1639-1912) stammen und üppig wachsen. Normalerweise ist es hier ruhig und abgelegen, doch heute Abend ist viel Gelächter zu hören. Draußen vor dem größten Zimmer sind auf einer groben Holztafel ein paar Schriftzeichen mit noch nicht getrockneter Tinte zu lesen: *Vorbereitungsausschuss für das Dunhuang Forschungsinstitut.*

Drinnen hängt eine kleine Petroleumlampe oben vor einem großen Kang, einem beheizbaren Bett aus Ziegelsteinen, der die Hälfte des Zimmers einnimmt. Die bohnengroße Flamme der Lampe flackert und beleuchtet die leicht müden, allerdings aufgeregten Gesichter im Zimmer.

„Das Essen kommt!" Der kleine Lama des Tempels ist richtig begeistert, weil der Tempel zum ersten Mal so viele Leute hat. Zusammen mit Gong Xiangli serviert er einen dampfenden Topf mit dicken Nudelscheiben und speziell zubereitetem gesalzenem Schnittlauch und mit Chilischoten für die Gäste aus der Ferne. Alle sind schon sehr hungrig und wollen gerade mit großem Appetit anfangen zu essen, stellen nun aber fest, dass sie keine Essstäbchen dabei haben. Das kann doch nicht sein?! Müssen sie nun mit der Hand essen?

„Ich habe diese schon lange für euch bereitgelegt."

Nun holt Gong Xiangli stolz eine Handvoll roter Weidenzweige aus der Tasche, die überall in der Wüste Gobi zu finden sind. Er hat sie sogar vorher schon geschält und ordentlich geschnitten. Das sind gute Essstäbchen.

Die Gäste schlingen in sich hinein. Die Nudeln sind halb gar, der Lauch widerwärtig salzig, auch der salzige Chili schmeckt eklig und bitter. All das macht aber nichts aus, weil sie so hungrig sind.

„Esst aber langsam, verschluckt euch nicht." Der alte Lama schaut mit liebevollem Blick auf die, die die Nudeln in sich hineinschaufeln.

Dabei stellt er die lang gehegte Frage: „Herr Direktor Chang, ich habe gehört, dass Sie in Frankreich studiert haben und ein sehr berühmter Künstler sind. Wie sind Sie aber darauf gekommen, in die so entfernt gelegene Wüste zu fahren, um die Grotten zu erkunden?"

Bei dem Satz hält Chang Shuhong die Weidenstäbchen in der Hand, seine Gedanken treiben plötzlich weit weg, schweifen zurück zu jenem Nachmittag vor ein paar Jahren.

Es war ein Tag Ende 1935. Chang Shuhong war in Frankreich und lief wie immer zu den alten Bücherständen am Ufer der Seine, ein guter Ort, etwas Interessantes zu finden. Chang Shuhong war oft dort bummeln, wenn er Zeit hatte. *Dunhuang-Grotten-Atlas*. Angelockt vom Titel des Buches nahm Chang Shuhong neugierig das Büchlein in die Hand und blätterte es durch. Unerwartet konnte er seinen Blick nicht mehr davon abwenden.

In dem *Dunhuang-Grotten Atlas*, der in sechs Heftchen gebunden ist, sind der Franzose Paul Pelliot und die von ihm im Jahr 1907 aufgenommenen Wandmalereien und Statuen in den Dunhuang-Höhlen in China zu sehen. All diese Höhlenmalereien und Statuen sind von Chinesen in mehr als 1000 Jahren, also um den 4. bis 14. Jahrhundert n. Chr. erschaffen worden.

Wie imposant und mächtig sind aber die Malereien! Ob zügellos und temperamentvoll, zart und subtil, jede einzelne ist unglaublich schön. „Dunhuang, China? Mein Vaterland? Wie kann mein Land eine so brillante und historische Kunst und Kultur haben!" Chang Shuhong war wie verzaubert von den Heftchen und wachte erst auf, als der Standbesitzer ihn anstupste.

„Sir, ich schließe jetzt. Das Buch kostet 100 Franken. Möchten Sie es kaufen?" Mit einem Blick auf den jungen Mann, der den Atlas den ganzen Nachmittag in der Hand gehalten und darauf gestarrt hatte, fragte der Standbesitzer diesen freundlich.

Chang Shuhong tastete seine Taschen ab, zeigte einen verlegenen Gesichtsausdruck – so viel Geld hatte er nicht bei sich.

„Es macht nichts, wenn Sie es nicht kaufen." Der Standbesitzer erkannte Chang Shuhongs Verlegenheit. „Im Guimet Museum sind zur Zeit Kunstwerke aus Dunhuang ausgestellt. Sie können dort vorbeischauen, wenn Sie möchten."

Am zweiten Tag früh am Morgen, als der Wächter des Guimet Museums die Tür aufmachte, fand er einen jungen chinesischen Mann, der schon einige Zeit draußen gestanden zu haben schien. Voller Neugier blickte der Wächter den jungen Mann an. Ohne den neugierigen Blick zur Kenntnis zu nehmen, lief Chang Shuhong ins Museum. Gleich im nächsten Moment ließ er sich von der Faszination der Kunstwerke aus dem fernen Dunhuang völlig verzaubern.

Die Schwarz-Weiß-Fotos in den kleinen Heftchen am Bücherstand waren ihm schon zutiefst vertraut, ganz zu schweigen davon, nun diese farbenfrohen, wunderschön gefertigten Kunstwerke lebendig wahrnehmen zu können.

Es stimmte ja, dass der Höhepunkt der Kunst in seinem eigenen Vaterland lag. Die Wandmalereien und Skulpturen wurden ursprünglich aus Dunhuang geraubt und nach Frankreich gebracht … Chang Shuhongs innerste Erschütterung war unbeschreiblich.

Chang Shuhong lief schnell nach Hause, er konnte überhaupt nicht warten, seiner Frau diesen wichtigen Entschluss mitzuteilen. „Zhixiu, ich will zurück nach China! Der Ursprung der Kunst liegt ja in unserem Land, in der abgelegenen, atemraubenden Wüste!"

„Ist dein Entschluss nicht undurchdacht? Es sind momentan in China doch überall Kriege!", erwiderte Chen Zhixiu die Stirn runzelnd.

Chang Shuhong wirkte zu dieser Zeit als prominenter orientalischer Maler in Paris in Frankreich. Er verdiente schon recht gut, weil er von zahlreichen Galerien Aufträge zum Malen angeboten bekommen hatte. Nun wollte er mitten im Krieg ins Heimatland zurückkehren, obwohl sie ein so privilegiertes Leben führten?

Doch die Idee, nach Dunhuang zurückzukehren, hatte bei Chang Shuhong schon Wurzeln geschlagen. Er nahm kurz danach ein Angebot der Nationalen Kunsthochschule in Beiping (heute Beijing) an, wollte zuerst im Heimatland als Hochschulprofessor arbeiten und dann einen

Weg finden, nach Dunhuang zu kommen. Unerwartet dauerte allerdings der Rückkehr nach Dunhuang, vor allem wegen Kriegswirren im Heimatland, mehrere Jahre.

Sobald Chang Shuhong die Gründung des Nationalen Instituts für Kunstforschung in Dunhuang, Gansu, abgeschlossen hatte, begann er in erster Zeit begeistert, Leute und Materialien für sein Vorhaben zu organisieren. Jedoch stieß sein Plan auf ablehnendes Echo: Keiner wollte sich dafür anmelden! Der Grund war doch klar: Für alle bedeutete Dunhuang, das in der fernen und trostlosen Wüste Gobi lag, ein karges Gebiet jenseits der Großen Mauer. Wer wollte denn dorthin gehen, um unter der Wüste zu leiden?

„Auch wenn ich allein bleibe, gehe ich nach Dunhuang!" Chang Shuhong war bereit, allein nach Dunhuang zu gehen, als er den ehemaligen Studenten an der Kunsthochschule Beiping, Gong Xiangli, traf. Gong erklärte sich nicht nur bereit, mit nach Dunhuang zur Forschungsarbeit zu kommen, sondern fand für das Team auch einige Bereitwillige wie Li Zanting.

So machte sich das Team von sechs Männern schließlich auf den Weg. Nach einem entbehrungsreichen und strapaziösen Marsch gelangten sie im März 1943 endlich bis mitten in die Wüste nach Dunhuang …

Draußen vor dem Fenster geht der Mond auf. Chang Shuhong reißt sich von seinen Erinnerungen los. Er tritt aus dem kleinen Zimmer, blickt auf die Tausend-Buddha-Höhle in der Nacht. Der große, volle Mond hängt am Himmel und das weiß-glänzende Licht fällt zart auf seine Schultern.

Chang Shuhong schwört sich heimlich in seinem Herzen: „Dunhuang, ich bin endlich da. Lass mich dich von nun an beschützen!"

2. Der sprachlos erstaunte Kreisvorsteher

Am zweiten Tag steht Chang Shuhong ganz früh schon vor den Höhlen. Behutsam schiebt er die vermoderte Tür einer Höhle auf, ist im gleichen Moment vom Entsetzen über die Szene gepackt, die sich vor ihm aufbietet. Die Höhle ist überall vom dicken gelben Sand bedeckt, der jahrelang vom Wind der Wüste hineingeblasen wurde. Manche Statuen sind fast gänzlich vom Sand verschluckt. Bei einer ist gerade noch ein Arm, der sich in den Himmel streckt, zu sehen, scheint verzweifelt nach Hilfe zu rufen: „Komm und rette uns!"

Tief bedrückt läuft Chang Shuhong zur nebenan stehenden Höhle. Diese Höhle, die nicht mal eine Tür hat, sieht noch schlimmer als die Höhle zuvor aus: Die prächtigen Wandmalereien sind alle vom gelben Sand verhüllt.

Die dritte, die vierte, die fünfte Höhle … Chang Shuhong sieht sich in einem Zug alle Höhlen an und muss feststellen, dass keine verschont geblieben ist. Er kann seine Tränen nicht unterdrücken und sagt mit geröteten Augen: „Die Höhlen, in denen sich die tausend Jahre alte glänzende Kunst zeigt, werden schon zu Ruinen!"

Die Mogao-Höhlen in Dunhuang, allgemein bekannt als „die Tausend-Buddha-Höhle", wurden ab der Früheren-Qin-Periode (351-394 n. Chr.) und durch die Sechzehnkönigreiche (304-439 n. Chr.), die Nördlichen Dynastien (439-581 n. Chr.), Sui-Dynastie (581-618 n. Chr.), Tang-Dynastie (618-907 n. Chr.), die-Fünf-Dynastien (907-979 n. Chr.), die West-Xia-Dynastie (1038-1227 n. Chr.), Yuan-Dynastie (1271-1368 n. Chr.) und auch in anderen Dynastien erbaut. Die früheste Höhle ist mehr als 1600 Jahre alt, die neueste Höhle besteht auch seit sieben- oder achthundert Jahren. Im Laufe der vielen Jahre hatten die Mogao-Höhlen dabei nicht nur mit den Naturkatastrophen zu kämpfen, sondern litten auch unter den von den Menschen verursachten Zerstörungen.

Abgesehen von den Räubern aus dem Ausland wie Paul Pelliot, die mehrmals offen und heimlich die Grotten ausraubten oder bestahlen, werden die Höhlen auch heute immer noch beschädigt. So laufen Schäfer manchmal in die Höhlen, um einen kühlen Platz im Sommer zu haben, oder sie finden hier einen sicheren Platz vor einem Sandsturm. Manche Eindringlinge machen sogar Feuer und kochen sich Essen, sodass einige Wandmalereien stark verrußt und nicht mehr zu erkennen sind. Auch die Leute, die zur Ausgrabung des Goldsandes im Südgebirge an den Höhlen vorbeireiten, kommen mit ihren Eseln oder Pferden in die Höhlen, um eine Weile zu rasten. Sie bringen ihre Inschriften willkürlich an den Wänden der Höhlen an, auch ihre Tiere scheiden überall aus.

„Um die Mogao-Höhlen zu schützen, müssen wir im ersten Schritt den Treibsand bekämpfen. Der Treibsand soll nicht unbehelligt in die Höhle eindringen, wie es vorher immer der Fall war. Und der beste Weg, den Treibsand zu vertreiben, ist der Bau einer möglichst hohen Erdmauer vor den Mogao Höhlen." Die lautlos um Hilfe schreienden Mogao Höhlen schweren Herzens betrachtend, erstellt Chang Shuhong schnell einen Plan.

Eine Erdmauer dient nicht nur zum Abhalten des Treibsands, sondern kann auch verhindern, dass Fremde beliebig in die Mogao-Höhlen reingehen bzw. von dort rauskommen. Aber die Errichtung einer so hohen Mauer ist in der Tat ein großes Projekt, weil sich der ganze Höhlenkomplex über einen Kilometer erstreckt.

Chang Shuhong geht nach dieser Überlegung zum Kreisvorsteher. Der sperrt vor Erstaunen Augen und Mund auf, kann einen Moment überhaupt nichts herausbringen, nachdem ihm Chang Shuhong den Plan erklärt hat.

„Oh mein lieber großer Künstler! Bist du sicher, dass du mir jetzt keinen Witz erzählst?" Erst nach einer Weile kommt der Kreisvorsteher wieder zu sich. „Wir sind doch in der Wüste. Willst du hier, wo es keine Erde und nur wenig Wasser gibt, eine einen Kilometer lange Mauer mit Erde bauen? Ich möchte dich nicht erschrecken, aber das ist ja unmöglicher, als vor tausend Jahren die Große Mauer zu bauen!"

Chang Shuhong schweigt. Was der Kreisvorsteher sagte, stimmt. Wirft man einen Blick auf die ganze Region in Dunhuang, sieht man ausschließlich Sand, Sand, endlos viel Sand und gar keine Erde. Womit soll man also eine Erdmauer bauen? Doch Chang Shuhong gibt nicht auf, sondern fragt herum, um Rat einzuholen. Die Befragten zeigen die gleiche Reaktion wie der Kreisvorsteher, alle sind verblüfft und schütteln den Kopf.

Eines Tages aber, als Chang Shuhong bedrückt durch Straßen von

Dunhuang geht, kommt er an einem Speiselokal vorbei, das mit einem Mauerzaun umgeben ist, der aus purem Sand gebaut wurde. Darin ist keine Erde! Chang Shuhongs Herz schlägt wild. Er stürmt in das kleine Lokal und ergreift den Arm des Lokalbesitzers. „Herr, können Sie mit Sand Mauer bauen?"

Der Lokalbesitzer blickt voller Unverständnis den hereingestürmten Hitzkopf an und fragt: „Siehst du nicht? Das Wasser in dieser Region hat einen hohen Alkaligehalt, schmeckt bitter und salzig, aber es hat auch seinen Nutzen: Mischt man Sand mit diesem Wasser und stampft man alles fest, dann kann man damit Mauer bauen."

„Sagen Sie wirklich die Wahrheit?!" Chang Shuhong schüttelt, sich kaum beherrschend, den Arm des Manns heftig: „Was aber, wenn ich damit eine hohe, lange Mauer bauen will?" Vor Aufregung drückt Chang Shuhong, der sonst immer vornehm wirkt, mit der Hand den Lokalbesitzer so kräftig am Arm, dass dieser sein Gesicht schmerzhaft verzieht.

„Das liegt doch an dir, bau die Mauer so hoch, wie du willst, so lang, wie du willst. Oh mein Gott, kannst du aber bitte zuerst meinen Arm loslassen?" Verlegen lässt Chang Shuhong von seinem Gegenüber ab und verbeugt sich tief vor dem Besitzer des Speiselokals.

Nachdem er sich fast die Sohlen abgelaufen hat, findet er jetzt endlich die Lösung! Chang Shuhong kann kaum warten und rennt den ganzen Weg ins Institut, um seinen Kollegen dort die gute Nachricht mitzuteilen. Bevor man sich aber darüber freuen kann, taucht wieder ein neues Problem auf: Wenn man eine zwei Meter hohe Mauer plant, rechnet man damit, dass gleichzeitig mindestens 300 Leute für drei Monate bei den Bauarbeiten beschäftigt werden müssen, was eine ganze Menge Geld kostet. Woher soll sich das Dunhuang Institut für Kunstforschung, das so gut wie kein Geld hat, das Geld beschaffen? Die einzige Lösung ist, dass sie einen Antrag auf Mittelzuweisung an das Bildungsministerium stellen, was aber langes Warten bedeuten könnte.

Chang Shuhong hat keine Zeit zu verlieren und kommt erneut zum Kreisvorsteher von Dunhuang. Dabei hat er sich eigentlich auf eine lange und harte Verhandlung vorbereitet, völlig wider seiner Erwartung aber schlägt sich der Kreisvorsteher Herr Chen kräftig auf die eigene Brust und schwört feierlich: „Mein Bruder, Herr Chang, verlass dich ruhig auf mich. Arbeitskräfte und Baumaterialien und so weiter, all das werde ich arrangieren, die gesamten Kosten werden vom Landkreis vorgestreckt. Zahl es mir zurück, wenn du das Geld vom Bildungsministerium bekommst."

Chang Shuhong kann das Gesagte zuerst nicht begreifen und schaut den Kreisvorsteher Chen verblüfft an. Der senkt plötzlich seine Stimme und flüstert Chang Shuhong ins Ohr: „Aber würdest du mir vielleicht auch einen kleinen Gefallen tun, mein Bruder Chang? Ich bewundere dich als einen prominenten Künstler, ich wollte schon immer ein Gemälde von dir haben."

Um den Bau der Sandmauer möglichst bald beginnen zu können, ist Chang Shuhong völlig klar, dem Kreisvorsteher ein Gemälde zu schenken. Ohne zu zögern, stimmt Chang Shuhong zu: „Herr Chen, machen Sie sich keine Sorgen darum. Ich werde Ihnen ein Gemälde schenken, da Sie mir sehr geholfen haben."

Nun ist es vor der Tausend-Buddha-Höhle so betriebsam und belebt wie nie zuvor. Herr Chen schickt mehr als hundert Arbeiter, von denen manche Sand transportieren, andere Mauer bauen. Von frühmorgens bis spätabends sind sie an dem großen Werk beschäftigt.

Chang Shuhong ist so überglücklich, dass er auch die Ärmel hochkrempelt und mit den anderen die schwere körperliche Arbeit verrichtet. Als die Mauer immer mehr in Form kommt, schenkt Chang Shuhong dem Kreisvorsteher ein Gemälde.

Plötzlich und unerwartet aber rennen die Arbeiter einer nach dem anderen von der Baustelle weg. Sie können es nicht mehr aushalten, jeden Tag so hart zu arbeiten, ohne genug Essen zu bekommen, zudem können sie nichts mit ihrer Arbeit verdienen.

Chang Shuhong fragt herum und stellt fest, dass er vom Kreisvorsteher Chen hineingelegt wurde. Die Arbeiter sind eigentlich einfache Bauer und werden gezwungen, die harte Bauarbeit für umsonst zu erledigen. Auch die Nahrungsmittel, die ihnen vorher zur Verfügung gestellt wurden, wurden in ihren Dörfern beschlagnahmt. Als die requirierten Nahrungsmittel ausgehen, haben sie keine andere Wahl, als mit Hunger weiterzuarbeiten, deshalb laufen sie davon, wenn es nicht mehr geht.

„Dieser Kreisvorsteher Chen!" Chang Shuhong ist wütend auf ihn, allerdings ist es jetzt für ihn die dringendste Frage, wie es mit der Mauer weitergehen soll. Chang Shuhong ist sehr besorgt, als alle Mitarbeiter im Institut zu ihm kommen, um mit den verbliebenen Arbeitern ge-

meinsam Wasser zu tragen sowie Schlamm und Sand zu mischen. Auch die Arbeiter sind tief gerührt, dass die sonst vornehmen und sauberen Gelehrten für den Bau der Sandmauer nun am ganzen Körper von Schlamm bedeckt vor ihnen stehen.

Was für böse Absicht könnten die Männer hier haben? Der einzige Grund, warum sie hier sind, liegt im Schutz der Tausend-Buddha-Höhle in der Gegend, in der die Bauer und Arbeiter seit Generationen leben. Warum haben sie als Einheimische denn noch solche Zweifel oder Bedenken?

So entsteht bald ein imponierender Mauerzaun vor der Tausend-Buddha-Höhle und gibt den größeren sowie kleineren Höhlen soliden Schutz. In der Sonne scheint die Mauer wie ein goldener Gürtel, der die trotz langer Zeit immer noch wunderschöne Tausend-Buddha-Höhle hütet.

Während Chang Shuhong die der Mauer zujubelnden Arbeiter betrachtet, steigt in ihm ein Schuldgefühl auf: Die Mittelzuweisung des Bildungsministeriums ist nämlich immer noch nicht genehmigt – und er muss die Löhne der folgsamen Bauer weiter schulden.

Chang Shuhong kennt den Kreisvorsteher zu gut, sodass er ihn nach Möglichkeit meiden möchte. Eines Tages kommt aber überraschenderweise der Kreisvorsteher Chen zu ihm. An jenem Tag blickt Herr Chen, der Kreisvorsteher, vor dem neunstöckigen Gebäude stehend, über das ganze Gesicht lächelnd Chang Shuhong an. Neben ihm steht ein Offizier in der Kuomintang-Uniform.

„Das ist mein guter Freund, Herr Divisionskommandeur, Generalmajor Li, er will etwas Kleines von dir haben, was er seiner Mutter zum 80. Geburtstag schenken kann."

„Etwas Kleines?" Chang Shuhong erschreckt fast bei dem Satz. Was für ein kleines Geschenk könnte es hier in den Mogao-Höhlen in Dunhuang geben? Auch ein ganz unauffälliges Ding gilt als ein nicht-reproduzierbares Schatzstück.

„Es ist nur die Statue eines Bodhisattva, die Herr Kommandeur Li und ich gerade in einer Höhle gesehen haben. Wir finden die recht schön. Lass einen Arbeiter die Statue herausholen, wir werden sie bald in unser Auto einladen." Tückisch lächelnd zeigt Chen in eine Richtung. „Da ist die Höhle."

Chang Shuhong kann seinen Zorn schon nicht mehr unterdrücken, als er in die gezeigte Richtung sieht. Er ist mit allen Farbstatuen und

Wandmalereien in jeder Höhle so vertraut, dass er sofort ahnt, an welche Bodhisattva-Statue dieser schamlose Kerl vor ihm denkt. Etwas Kleines? Das ist eine Farbstatue aus der Nördlichen Wei-Dynastie (386-543 n. Chr.). Dieser Kreisvorsteher und dieser Divisionskommandeur sind einfach unersättlich und frech!

„Bleib geduldig, ich muss dies dulden!", sagt er sich. Erst nach wiederholtem tiefem Durchatmen gelingt es Chang Shuhong, seine starke Empörung zu unterdrücken. Er kann sich schließlich nicht mit dem Kreisvorsteher offen anlegen, sondern muss versuchen, ihn zu überlisten. „Herr Chen, Sie als der Vorsteher eines Kreises kennen die staatlichen Dekrete sicher besser als ich. Alle Kulturgegenstände in den Mogao-Höhlen sind staatliches Eigentum. Ich würde es nie wagen, eine zu entnehmen, selbst wenn ich genug Mut dazu hätte."

Doch der Kreisvorsteher wendet Milde wie Strenge an und hakt weiter frech nach: „Gelehrte wie ihr kennen wohl keine Flexibilität? Es ist ja nur eine Skulptur aus Lehm, in der Tat doch ein kleines Ding aus Schlamm. Wie viel kann es kosten? Wird dies zu einem Problem, wenn du ein Auge zudrückst?"

Als er sieht, dass Chang Shuhong immer noch den Kopf wie eine Rasseltrommel schüttelt, macht er ein langes Gesicht und spricht Chang finster zu: „Chang Shuhong, ich möchte dich doch nicht beängstigen, aber in Kriegszeiten haben die, die Waffen besitzen, das Wort. Wenn du dich aber gegen den Willen des Herrn Kommandeur Li stellst … mal sehen!", schnaubt er.

„So wird es sein. Wenn ich die beiden weiter vor den Kopf stoße und es weiter ablehne, werden sie die Statue wahrscheinlich mit Gewalt rauben", denkt Chang Shuhong bei sich und versucht, in mildem Ton zu sprechen: „Sie wollen doch nur einen Bodhisattwa, warten Sie, ich gehe einen holen."

Der Kreisvorsteher Chen wechselt einen Blick mit dem Divisionskommandeur Li. „Was habe ich gesagt? So ein Fachidiot wagt gar nicht, uns vor den Kopf zu stoßen, wir haben doch Pistolen. Siehst du, mit ein bisschen Einschüchterung wird er schon brav sein und alles erledigen."

Eine Weile später kommt Chang Shuhong mit einer kopierten Wandmalerei zurück, auf der der Bodhisattwa lebensecht zu sehen ist. Mit einem Blick strahlt Li vor Freude und vergisst sogar die Bodhisattwa-Statue, die er vorher wollte. „Das wird meine Mutter sicher freuen. Bruder Chang, du bist klasse!"

„Du bist ein wohlverdienter, großartiger Maler, der in und um Paris bekannt ist. Unser altes Geburtstagskind freut sich sicherlich über den von dir gemalten Buddha." Kreisvorsteher Chen hebt den Daumen hoch.

Den zwei aufdringlichen Männern beim Weggehen nachschauend, kann Chang Shuhong endlich einen langen Seufzer der Erleichterung ausstoßen.

3. Meister der Farben

Frühmorgens beim Sonnenaufgang beginnt eine Gruppe barfüßiger Männer mit der Arbeit, sie bücken sich und ziehen gemeinsam ein großes Holzfloß. Das Mauerzaun ist zwar fertig errichtet, aber in den Höhlen ist noch viel Treibsand. Ohne sie vom Treibsand zu bereinigen, kann von weiteren Plänen nicht gesprochen werden.

Das große Holzfloß, ein primitives Werkzeug, das man immer nur zu dritt bewegen kann, ist recht sperrig: Einer steht vorne und zieht es mit großer Kraft, während zwei andere kräftig von hinten schieben. Trotz der einfachen Konstruktion funktioniert es gut. Mit dem Holzfloß wird Schicht für Schicht der Treibsand abgetragen.

Dou Zhanbiao, der hinten steht und das Holzfloß schiebt, ist ein neu angestellter Maurer im Institut. Ab und zu blickt er heimlich zu Chang Shuhong, der sich vorne barfuß bemüht, das Seil am Floß zu schleppen, und denkt bei sich: „Es ist kaum vorzustellen, dass ein großer Gelehrter wie Herr Chang auch dabei ist und mit uns, den Nicht-Gebildeten, zusammen die Knochenarbeit erledigt."

„Dieses Holzfloß funktioniert prima", sagt Chang Shuhong begeistert. „Ich habe nämlich von den Lamas gehört, dass die Einheimischen oft das Floß verwenden, um den Sand im eigenen Hof zu entfernen."

„Unser Floß ist eine von Lao Dou und einigen Arbeitern herausgebrachte und verbesserte Version vom traditionellen Holzfloß und viel effizienter!" Gong Xiangli wischt sich einmal schnell den Schweiß von der Stirn, während er den gelben Sand von einem großen Holzfloß entfernt. „Herr Chang, diesmal bin ich an der Reihe, von vorne zu ziehen. Stehen Sie bitte hinten und schieben das Floß, damit Sie sich nicht zu sehr anstrengen."

Dou Zhanbiao bietet sich auch an: „Herr Chang, lassen Sie mich vorne ziehen. Ruhen Sie sich ein bisschen aus."

„Ihr beiden bleibt einfach hinten, um das Floß zu schieben, ich fühle mich noch ziemlich fit!" Mit diesen Worten legt sich Chang Shuhong das Seil des Sanddfloßes erneut um die Schultern, beugt seine Beine mächtig, um loszugehen. Aber er tritt wohl zu kräftig, sodass er beim ersten Schritt fast in den Sand nach vorne fällt.

Gong Xiangli und Dou Zhanbiao sind erschrocken, sie beeilen sich im gleichen Augenblick und stützen ihn mit der Hand. Da lacht Chang Shuhong fröhlich und erwidert: „Kommt schon, entfernen wir den Sand mit den anderen Teams um die Wette. Schauen wir mal, welches Team an schnellsten den Sand wegschafft!" Gong Xiangli betrachtet den heiteren Chang Shuhong, steckt kurz seine Zunge heraus. Dass Herr Chang so fröhlich ist, hat natürlich einen Grund: Das Mauerzaun ist errichtet, jetzt wird an der Beseitigung des Treibsandes gearbeitet, und einige Studenten von Herrn Chang, u. a. Dong Xiwen und Wu Mifeng, haben sich auf den langen Weg nach Dunhuang gemacht, sie werden in Kürze ankommen und helfen.

Während der Pause blickt Chang Shuhong konzentriert auf die wenigen Pappeln, die licht vor der Tausend-Buddha-Höhle stehen. Hinter den Höhlen ist der Mingsha-Berg, immer wenn der Wind vom Westen weht, fließt der Sand wie ein strömender Fluss in diese Richtung. Es geht mit den wenigen Bäumen überhaupt nicht.

„Die Führung des Sandes soll parallel mit dem Pflanzenanbau vorankommen. Und an den Höhlen sollen feste Holztüren angebracht werden", sagt Chang Shuhong tief ergriffen. „Das Sonnenlicht wird in Höhlen ohne Türen hineinscheinen und der Wind stürmt ebenfalls mit dem Sand hinein. Wir haben zu viele Wandmalereien deshalb verloren, das soll künftig nicht mehr vorkommen."

Gong Xiangli nickt, das stimmt, es ist noch eine Menge zu erledigen. Aber worum er sich momentan besonders sorgt, sind Zeichenpapier und Farben, die sie bei ihrer Ankunft an den Mogao-Höhlen in Dunhuang angeschafft haben. Sie haben nämlich nicht genug davon. Wenn Dong Xiwen und die anderen hier sind, womit sollen sie denn die Grotten malen? Bei diesem Gedanken murmelt Gong Xiangli vor sich hin: „Farben, Farben …"

Chang Shuhong zieht seinen Blick, klopft Gong lächelnd auf die Schulter: „Mach dir keine Sorge, wir haben doch Farbenmeister. Hast du Angst, dass wir nicht mehr malen können?"

„Farbenmeister?", fragt Gong Xiangli verwirrt. „Herr Chang, haben Sie einen Meister für Farben angestellt? Davon haben Sie vorher aber nichts gesagt?"

„Lass dich überraschen", möchte Chang Shuhong ihn im Ungewissen lassen.

Am nächsten Tag kommt das Ehepaar Dong Xiwen frühmorgens an. Ohne sich das vom Sand bedeckte Gesicht zu waschen, zeigt Dong Xiwen auf die Höhlen und spricht laut: „Herr Chang, ich werde mir jetzt die Höhlenmalereien anschauen!"

„Morgens ist in der Tat die beste Zeit, sie zu genießen", geht Chang Shuhong lächelnd vor und führt das Ehepaar zu den Höhlen. „Wenn die Sonne in die hundert Höhlen strahlt, ist das wie eine Zauberei." Tatsächlich zauberhaft! Die farbigen Statuen und Höhlenmalereien glänzen im Sonnenschein noch prächtiger, sodass die ganzen Höhlen strahlend erhellt werden.

Sie befinden sich inzwischen in der später als Nr. 319 bezifferten Höhle, die Kuppel ist mit Caisson-Mustern bemalt, die Blätter gehen in Schichten voll auf. Bei dieser wunderschönen Form und den brillanten Farben haben die jungen Leute das Gefühl, als wären sie in einem Garten, wo alle Blumen in voller Blüte stehen.

„Die Wandmalereien sind nicht nur meisterhaft, sondern bieten sich auch in einer erstaunlichen Menge dar. Wenn wir die Stücke miteinander verbinden, ergibt sich eine lange Galerie von gut 45.000 Metern." Chang Shuhong betrachtet ergriffen die Wandmalereien vor sich.

Gong Xiangli streckt seine Arme aus und misst die Länge: „45.000 Meter? Dann dehnt sich die Galerie mehr als 90 li, 45 Kilometer!"

„90 li lang? Dann ist sie doch die längste, umfangreichste, inhaltreichste Galerie für Höhlenmalereien aus der alten Zeit?", macht Dong Xiwen vor Verwunderung große Augen.

„Das stimmt!", nickt Chang Shuhong ernst und fügt hinzu: „Es ist gar nicht übertrieben, zu behaupten, dass man die beste Kultur der alten Zeit erlebt, wenn man die Mogao Höhlenmalereien in Dunhuang besichtigt."

Das Ehepaar Wu Mifeng, Li Yu und die anderen kommen bald auch an. Der kleine Lama im Huangqing Tempel hat noch nie so viele Besucher gehabt, er reckt seinen Hals und sieht alle voller Neugier an.

Gong Xiangli aber stellt sich beiseite und wirkt besorgt. „Warum kommt der Farbenmeister, von dem Herr Chang vorhin gesprochen hat, immer noch nicht? Wie kann man ohne Farbstoffe die Höhlenmalereien kopieren?", fragt er sich.

Am zweiten Tag stellt Chang Shuhong nach dem Frühstück ein paar Holzfässer und Erdschüsseln auf. Er ruft Dong Xiwen und die anderen zu sich vorbei und erklärt: „Bevor wir in Dunhuang die Grotten bemalen, haben wir uns zuerst eine spezielle Fertigkeit anzueignen. Nämlich: Wir stellen selber Farbstoffe her."

„Ist das nicht Löß?" Studentin Wu Mifeng schwingt ihren Pferdeschwanz und sieht in das Holzfass hinein. „Herr Chang, ist das wahr, dass Sie damit Farbstoffe herstellen wollen?"

„Du sollest den Schlamm nicht unterschätzen." Chang Shuhong weist auf eine Erdschüssel und erwidert: „Seht ihr den gelben Farbstoff darin? Der ist genau mit dem Löß, der in der Region überall zu finden ist, gemacht!"

„Farbstoff aus Löß? Würden die Fresken, die mit solchen Farbstoffen gemalt sind, denn überhaupt noch schön aussehen?" Dong Xiwen, der eben noch hochgestimmt war, macht bei dem Satz eine bittere Miene.

„Wieso nicht mehr schön aussehen? Sie sind nicht nur schön, sondern *besonders* schön aussehend!", lacht Chang Shuhong. „Ich habe früher damit Wandmalereien kopiert, die gemalten Werke sind urtümlich, gesittet und verblassen nicht schnell."

Die zunächst enttäuschten jungen Leute sind nun ermutigt und hören alle Chang Shuhong konzentriert zu.

„Wisst ihr, die Meister in der alten Zeit wandten auch diese traditionelle Methode an, Farben herzustellen. Ihr seht die Fresken hier, die sich über tausend Jahre nicht verändert haben und immer noch farbenfroh sind!"

Die Ehefrau von Dong Xiwen, Frau Zhang Linying, strahlt bei dem Satz über das ganze Gesicht und fragt eifrig: „Herr Chang, erklären Sie uns doch bitte, wie mit der traditionellen Methode Gelb erzeugt wird?"

„Ist eigentlich nicht schwer: Man verwendet die Erde, die hier überall anzutreffen ist. Sie wird eingetaucht, gefiltert, deponiert, dann wird Leim hinzugegeben."

Dong Xiwen kratzt sich am Kopf. „Erde gibt es in der Tat überall, aber wo finden wir Leim?"

„Da, vor dem Fenster, ist doch Leim." Chang Shuhong zieht einen Schmollmund, zeigt auf die Pfirsichbäume vor dem Fenster. An den Bäumen sieht man kleine, liebliche Bällchen aus Pfirsichgummi.

„Und wie wird die Farbe rot? Ist sie aus Roterde und Pfirsichgummi? Und wo gibt es rote Erde in Dunhuang?", fragt Wu Mifeng weiter.

Chang Shuhong nickt. „Du hast recht, die rote Erde wird mit Wasser gewaschen und Pfirsichgummi wird dazugegeben, dann bekommen wir rote Farbstoffe. Was aber die rote Erde angeht, gibt es recht viel davon

am Sandstrand des Dangquan Flusses vor der Tausend-Buddha-Höhle!"
„Und Schwarz? Gibt es in Dunhuang auch schwarze Erde?", fragen
Dong Xiwen und seine Frau gleichzeitig.

„Schwarze Erde gibt es nicht, aber wir haben Asche am Topfboden."
„Was? Topfasche als Farbstoff?" Dong Xiwen wirkt verwirrt. Woher
kennt der Lehrer eigentlich solch traditionelle Methoden? Warum kann
er sogar Asche am Topfboden für die Farbherstellung verwenden?

Chang Shuhong durchschaut seine Bedenken und antwortet: „Auch
die Topfasche ist nicht zu unterschätzen, früher hatte sie einen schönen
Namen – Puder von hundert Kräutern. Man benutzte sie mit hinzuge-
fügtem Leim zur Herstellung von schwarzem Farbstoff, der besonders
gut geeignet für das Malen von menschlichen Haaren oder von schwarzen Vögeln ist!"

„Puder von hundert Kräutern?" Den beiden Studentinnen Zhang
Linfeng und Wu Mifeng scheint ein Licht aufzugehen. „Was für einen
romanischen Namen dieser Stoff hat! Herr Chang, welche Farben sind
noch mit den genannten traditionellen Methoden zu produzieren?"

„Fast alle eigentlich", meint Chang Shuhong mit ernstem Gesichtsausdruck. „Außerdem braucht ihr euch auch nicht um Zeichenpapier
zu sorgen. Wir können das Lederpapier, das die Einheimischen zum
Fensterkleben benutzen, verwenden. Es ist billig und überall zu kaufen.
Dies funktioniert gut, wenn wir es selber aufziehen."

Händeringend wollen alle die Tipps ausprobieren. Manche können
nicht warten, nehmen Holzfässer, gehen gelbe Erde und Pfirsichgummi
holen. Dong Xiwen läuft direkt zur Küche des Huangqing Tempels, er
möchte Arsche vom Topfboden, nein, den Puder von hundert Kräutern, holen, um schwarze Farbstoffe zu produzieren.

Die beschäftigten Menschen verfolgend begreift Gong Xiangli auf
einmal die Worte des Lehrers: „Was Herr Chang mit Farbenmeistern
vorher gemeint hat, sind gerade wir!"

4. Die Tausendfüßler-Leiter

Es ist erst November, aber der Dangquan Fluss vor der Tausend-Buddha-Höhle ist schon gefroren. Der kleine Jialing blinzelt begeistert mit den Augen, betrachtet die weiße, breite Eisfläche. „Ältere Schwester, gehen wir morgen darauf Schlittschuh laufen, geht das?"

Seine Schwester Chang Shana antwortet ihrem Bruder nicht, sondern massiert ihren vor Hunger grunzenden Bauch und sieht traurig ihren Vater an. „Wir sind endlich bei den Dunhuang Mogao-Höhlen. Papa, können wir heute Abend endlich etwas Richtiges zu essen bekommen?"

Chang Shuhong sieht seine beiden mageren und schwachen Kinder liebevoll an. Vor ein paar Monaten hatte er sich auf den Weg nach Chongqing gemacht, um seine Frau und die Kinder nach Dunhuang abzuholen. Sie hatten einen langen, schwierigen Weg hinter sich, mussten ein entbehrungsreiches Leben im Freien führen, wurden auch mal mit Räubern konfrontiert. In der endlosen Wüste Gobi waren sie in einen Windsturm geraten, sodass sie sich nicht mehr orientieren konnten …

Als sie alles durchstanden hatten, machte die kleine Shana ein gekränktes Gesicht und sagte ein Volkslied, das sie von den Einheimischen gelernt hatte, auswendig auf: „Wenn man aus dem Jiayu-Pass kommt, bekommt man immer nasse Augen. Denn vorne hat man die Gobi-Wüste, hinten die Höllenpforte …"

Dass sich seine Frau und die Kinder, die bis jetzt immer ein süßes Leben geführt haben, in solch öder und verlassener Region niederlassen müssen, ist indes ein Unrecht für sie, denkt Chang Shuhong bei sich.

Da kommt der alte Lama freundlich zu ihnen und sagt: „Kinder, kommt zum Essen."

„Was haben Sie für uns gekocht?" Shana und Jialing laufen glücklich zum Esstisch. Allerdings bleiben sie wie erstarrt stehen, als sie sehen, was auf dem Tisch steht: eine große Schüssel von grobem Salz, eine Schüssel Essig, eine Schüssel mit im Wasser gekochten Nudeln, das ist alles fürs Abendessen. Es gibt nicht einmal ein Blatt grünen Gemüses, geschweige denn von den Kindern erwartetes leckeres Lammfleisch oder Lammsuppe.

Shana bleibt für eine Weile stumm, bringt dann aber eine Frage heraus: „Papa, warum gibt es denn kein Gemüse?"

Voller Bedauern hebt Chang Shuhong die Schüssel mit Nudeln, reicht sie der Tochter in die Hand und erklärt: „In Dunhuang gibt es kein Gemüse. Sie haben speziell Nudeln gemacht, um euch zu begrüßen, normalerweise haben wir auch keine Nudeln."

Seine Frau Chen Zhixiu betrachtet stirnrunzelnd ihr neues Zuhause im Huangqing Tempel, von dem Chang Shuhong auf dem Weg mehrmals gesprochen hat. Es ist eigentlich nur eine zerfallene Hütte aus Erde, in der es nichts gibt!

Ein neues Leben beginnt. Die ältere Schwester Shana, ihr jüngerer Bruder Jialing und ihre Mutter können sich aber nur schwer daran gewöhnen. Um Trinkwasser zu holen, gehen sie mit einem Fass und einem Meißel zum Fluss, dort muss man lange und hart hacken, bis der Rücken und die Taille schmerzen, dann bekommt man ein kleines Loch ins Eis. Wenn man mit dem Fass mit einer Hälfte Eis, der anderen Hälfte gefüllt mit Wasser zurückgeht, sind die Beine längst vor Kälte starr und die Finger angeschwollen wie eine Rübe.

„Was für ein Leben haben wir denn hier!", jammert die Frau, der die Sauberkeit sehr wichtig ist, wenn sie sieht, dass das Zimmer, das sie am Morgen gerade sauber gemacht hat, schnell von einer dicken Schicht vom gelben Sand bedeckt ist. Sie kann das alles hier kaum aushalten. Ist ihr Mann wohl verrückt geworden? Statt den eleganten Anzug zu tragen, zieht er sich eine Jacke aus Schaffell an, die nach Hammelfleisch riecht. Sind sie in eine abgelegene Gegend gelangt, nur um in einem verfallenen Tempel zu wohnen, um auf dem Kang zu schlafen und um salziges Wasser zu trinken?

„Mutti, mir ist sehr kalt", sagt der kleine arme Jialing. Seine Lippen werden vor der Kälte blau, er krümmt sich, zittert am ganzen Körper. Chen Zhixiu umarmt den Sohn, betrachtet schweren Herzens das Zimmer, das an den vier Wänden kaputt ist. Kann man hier von einem Zimmer, in dem man menschenwürdig wohnen kann, reden? Es ist so eiskalt hier, dass das ganze Zimmer wie eingefroren wirkt. Vergleicht man dies mit den warmen Tagen am Kamin in Paris, ist das ein Kontrast wie Himmel und Erde!

Zur gleichen Zeit ist Chang Shuhong damit beschäftigt, die Höhlen zu überprüfen und nummerieren.

Die Tausend-Buddha-Höhle besteht aus vielen kleineren oder größe-

ren Höhlen, die sich vom Süden bis nach Norden aneinanderreihen. Bis auf einige wenige Höhlen, u. a. die Zhaijia-Höhle, deren Urheber noch vage zu erkennen sind, kann man bei den meisten Höhlen schon nicht entschlüsseln, von wem die Höhlen angelegt wurden.

„Ich werde sie bald bezeichnen, jede Höhle wird einen eigenen Namen bekommen." Bereits kurz nach der Ankunft hatte Chang Shuhong schon versprochen: „Auch die Höhlenmalereien und Statuen in der Höhle sollen auch bezeichnet werden."

Dafür hatte er längst einen Plan: Gemäß der Route, auf der man den Berg besteigt, werden sie auf der ersten Ebene von Nord nach Süd nummeriert, auf der zweiten von Süd nach Nord, auf der dritten dann wieder von Nord nach Süd … Die Höhlen werden in einem solchen Zickzackkurs beziffert. Außerdem werden die kleinen beziehungsweise die Seitenhöhlen in einer großen Höhle ebenfalls extra benannt, damit allen Höhlen, egal groß oder klein, jeweils eine spezielle Ziffer zugeschrieben ist.

Viele Höhlen befinden sich am steifen Abgrund des Berges, die man ohne Leiter überhaupt nicht erreichen kann. An einem Tag, als Chang Shuhong bei der Höhle Nummer 196 ist, überlegt er besorgt, wie er an dieser Stelle wohl hochklettern kann. Da sieht er Dou Zhanbiao eine Tausendfüßler-Leiter tragend kommen. Die Tausendfüßler-Leiter hat ihren Namen nach dem Tausendfüßler, an eine über sechs Meter hohe, gebogene Holzstange werden nämlich runde Löcher in gleichen Abständen gebohrt, in die Holzpfähle gesteckt werden, so sieht die Leiter aus wie ein Tausendfüßler.

Chang Shuhong ist bei dem Anblick begeistert. „Hi du, Lao Dou, warum sagst du vorher nichts davon, dass du solches gute Zeug hast?"

Dou Zhanbiao sagt kein Wort, sondern besieht sich die hoch liegenden Höhlen. Diese Tausendfüßler-Leiter wird auch als Ein-Brett-Leiter bezeichnet, gilt deshalb als besonders gefährlich. Sie droht, jederzeit umzustürzen oder umzufallen, und man muss besonders mutig sein, um daran hochzuklettern.

Mit Zittern und Zagen beobachtet Dou Zhanbiao, wie Chang Shuhong mit Händen und Füßen die Leiter hochklettert. Erst als Chang Shuhong sicher in den Höhlen oben im neunstöckigen Gebäude ankommt, ist er erleichtert. „Von hier aus müssten es mehr als 40 Meter hoch sein."

Gong Xiangli, der nachkommt, wirft versuchsweise einen kleinen

Stein nach unten, der lange fällt, verschwindet, sodass man für einige Zeit nichts von ihm hört.

Der nachfolgende Li Yu zittert. Die Tausendfüßler-Leiter schwankt bei jedem Tritt so stark, dass man jede Zeit runterfallen könnte. Was für ein Unterfangen!

Nachdem sie die 196. Höhle inspiziert haben, wollen sie auf dem gleichen Weg zurückkehren. Dou Zhanbiao rutscht das Herz wieder in die Hose: Es wird noch gefährlicher, wenn man jetzt von der Leiter nach unten klettert. Er bewegt vorsichtig die Tausendfüßler-Leiter, möchte sie verlegen, damit sie sicherer am Abgrund lehnt. Unerwartet kippt in diesem Moment die Leiter in den Abgrund.

„Ach Mist!" Dou Zhanbiao wird ganz bleich im Gesicht.

„Wir stecken nun in der Höhle 196 fest", ist auch Chang Shuhong schockiert.

„Ist jemand da? Kommt uns helfen!", schreit Gong Xiangli bestürzt. Auch Li Yu ruft mit zitternder Stimme. Aber in der Umgebung meldet sich niemand, obwohl sie sehr laut schreien.

„Von hier bis zum Boden sind es gut 40 Meter, deshalb können wir nicht ohne Leiter runterklettern. Aber von der Höhlenöffnung bis zur Bergspitze ist es nicht so weit, vielleicht können wir versuchen, von oben da …" Chang Shuhong lehnt sich ein bisschen weiter nach draußen hinaus und betrachtet die Bergspitze. Der Wind hebt seine Kleider, er scheint zu schwanken. Hier ist es einfach viel zu hoch.

„Institutsleiter, wollen Sie von hier zur Bergspitze klettern? Nein, das geht überhaupt nicht!" Jetzt wird Gong Xiangli im ganzen Gesicht bleich. Der Abgrund über der Höhle ist sehr steil, wenn einer ein kleines bisschen nicht aufpasst, wird er in den Abgrund und in den Tod stürzen.

Chang Shuhong ist allerdings bereits einige Schritte vorausgegangen. Er hatte sich eigentlich gedacht, dass es hier weiche Sandsteine gibt, doch gegen diese Erwartung sind unter seinen Füßen harte Felsen. Chang Shuhong steht nicht fest, beginnt sofort zu schwanken. In dem Augenblick rutscht sein Notizbuch aus der Tasche und fällt direkt in den Abgrund.

„Herr Chang!" Dou Zhanbiao ist besonders geschickt und hält mit seiner Hand Chang Shuhong fest. Die anderen rennen hektisch zu ihnen, um zu helfen, ziehen und schleppen Chang Shuhong endlich in die Höhle zurück.

„Das war gefährlich!" Gong Xiangli wischt sich den Angstschweiß von der Stirn. Chang Shuhong scheint dagegen bereits völlig vergessen zu haben, dass er gerade fast an der Höllenpforte war. Er hat nur sein Notizbuch im Kopf, das zu Boden gefallen ist. Darin hat er viele wertvolle Daten notiert, wenn es jetzt verloren ist ... Pfui, dann hätte er zwei Monate umsonst gearbeitet.

Gleichzeitig klettert Dou Zhanbiao von Schuldbewusstsein getrieben, weil er die Tausendfüßler-Leiter umgekippt hatte, gebückt zur Bergspitze.

„Das ist zu gefährlich, komm da runter!" Als Chang Shuhong das sieht, ist er erschrocken und möchte ihn sofort stoppen.

„Institutsleiter, seien Sie beruhigt, ich bin geschickt." In Dou Zhanbiaos Gesicht, das vom Sonnenschein der Wüste Gobi tief gebräunt ist, erkennt man Ehrlichkeit und Entschiedenheit. „Bleibt ihr alle am Ort, wartet auf meine Nachricht." Chang Shuhong ist davon zutiefst bewegt.

Als Maurer am Institut ist Dou Zhanbiao eigentlich gar keine Maurer von Beruf, sondern er hatte bis zu dieser Aufgabe eine feste Anstellung und lebte geruhsam. Als er aber sah, dass die Mogao-Höhle Wind und Sonne ausgesetzt war und immer mehr unter Erosion litt, fühlte er sich zuständig, etwas zu tun. Aus diesem Grund arbeitet Dou Zhanbiao nun ehrenamtlich am Institut als Maurer. Er trägt jeden Tag einen Schlammeimer, hat ein Glättbrett in der Hand und geht überall herum, um etwas zu renovieren. Er streicht an der Bergspitze Lehm und Kalk an den Vorsprung, damit Regen und Schnee nicht mehr in die Höhlen eindringen kann, und repariert die verfallenen und kaputten Steige am Abgrund ... Man hat guten Grund, zu behaupten, dass jede Höhle, egal wo sie liegt, dank seiner fleißigen Renovierung erhalten bleibt.

„Sei bitte unbedingt vorsichtig ..." Chang Shuhong betet wiederholt in Gedanken.

Die Zeit vergeht, in der Höhle herrscht Stille. Niemand sagt etwas, alle haben nur das Gefühl, dass die Zeit besonders langsam vergeht. Endlich hört man die Stimme von Dou Zhanbiao von der Bergspitze. Wegen des starken Windes sind seine Worte zerstückelt und nur mit Mühe zu empfangen. „Ich werfe von der Spitze ein Seil runter, ihr solltet es fangen!"

Nun ist es draußen bereits stockdunkel, als ein Seil von der Bergspitze in die Höhle fällt. Gong Xiangli kann das Zittern an den Beinen kaum unterdrücken, fasst aber allen Mut zusammen und zieht als Erster das

Seil – er möchte sicherstellen, dass es fest genug ist, dann übergibt er das Seil zuerst Herrn Chang.

Eins, zwei, drei … Dou Zhanbiao zieht mit dem Seil die drei in der Höhle Gefangenen einen nach dem anderen auf die Bergspitze.

Als die drei schließlich wieder festen Boden unter den Füßen haben, wollen Gong Xiangli und Liyu eigentlich ein Lächeln zeigen, können aber einen hässlicheren Gesichtsausdruck wie beim Weinen machen.

„Benutzt du dieses Hanfseil normalerweise für die Reparatur der Steige?" Chang Shuhong blickt Dou Zhanbiao an. Ein kalter Wind weht an diesem Abend, alle zittern vor Kälte. Nun merken sie erst, dass ihre Kleider am ganzen Körper wegen des Angstschweißes nass sind.

„Genau. Gestern habe ich bei der Reparatur der Bergspitze ein solches Seil hinterlassen. Ich habe mir dabei auch nicht vorstellen können, dass das Hanfseil gleich heute tatsächlich zum Einsatz kommt", nickt Dou Zhanbiao. „Herr Chang, da wir keine Leiter zur Verfügung haben, müssen wir bald mithilfe des Hanfseils runterklettern."

Das Lächeln von Gong Xiangli und Li Yu erstarrt bei diesem Satz in ihrem Gesicht. „Was? Wir sind mit Ach und Krach endlich hier oben gelangt, müssen jetzt aber wieder mit diesem Hanfseil von der hohen Bergspitze runter?"

Chang Shuhong, der das Seil noch um die Taille gebunden hat, sieht die beiden lächelnd an und fragt: „Darf ich denn diesmal als der Wegbereiter vorgehen?" Den anderen, die nicht mehr schaffen, ihn zurückzuhalten, hängt das Herz wieder in der Hose.

In der Dunkelheit bewegt sich Chang Shuhong, seine Füße in der Luft hängend und seine Hände fest am Seil haltend, die Klippe hinunter. Der Wind weht in der Nacht so stark, dass das hängende Seil hin und her schwankt.

Nachdem Dou Zhanbiao die vier Hanfseile jeweils an einem Ende befestigt hat, bindet er sich schnell ein Seil um die Taille und sagt: „Wir kommen schnell nach."

Als Li Yu und Gong Xiangli schließlich wieder mit ihren Füßen den sicheren Boden erreichen, können sie fast nicht mehr an sich halten. Ihnen wird vom starken Wind, der an Abend herrscht, ganz schwindlig, sodass sie zusammengesunken auf dem Boden sitzen bleiben.

„Das Abenteuer in die Höhle 196 wird uns wohl das ganze Leben lang unvergesslich bleiben."

Die Überlebenden anblickend, will Chang Shuhong sie eigentlich mit seinem Spaß ermutigen, erinnert sich aber an das verloren gegangene Notizbuch und wird traurig.

„Der Institutsleiter, sehen Sie mal hier, was habe ich gefunden?"

In diesem Moment hebt Dou Zhanbiao seine rechte Hand. Im Mondlicht sieht Chang Shuhong, dass mitten auf seiner Hand ein Heft liegt. Das ist genau das Notizbuch, das ihm vorhin in den Abgrund gefallen war.

5. Das Geheimnis in der Zwischenwand

Als Chang Shuhong an einem Mittag im Huangqing Tempel überlegt, woher er Geldmittel besorgen könne, um Türen in den Höhlen anzubringen, läuft Dou Zhanbiao heftig atmend auf ihn zu und sagt: „Herr Chang, kommen Sie schnell mit mir, in der Höhle 220 ..."

Chang Shuhongs Herz zieht sich zusammen, er fragt aufgeregt: „Was ist los mit der Höhle 220? Ist was mit den Malereien passiert? Oder ist der Treibsand wieder drin?"

„Keins von den Genannten!", schüttelt Dou Zhanbiao schnell seinen Kopf. „Wir haben in der Höhle eine Zwischenwand gefunden!"

Chang Shuhongs Herz schlägt heftig. Zwischenwand? Bedeutet das, dass es in der Höhle Nummer 220 Wandmalereien gibt, die sie vorher nicht entdeckt haben? „Geh, geh jetzt, Onkel Dong und Li zu rufen. Lass sie möglichst schnell zur Höhle 220 kommen!"

Chang Shuhong sagt seiner Tochter Shana, die konzentriert beim Malen ist, Bescheid, läuft dann weg aus dem Tempel. Weil es in Dunhuang keine Schule gibt, lernt Shana in der Hexi-Mittelschule in Jiuquan, die weit entfernt liegt, fast vierhundert Kilometer. Seit dem Vortag hat sie Ferien.

Dou Zhanbiao holt bald auf und erzählt Chang Shuhong beim Laufen, was los ist: Nachdem sie die Höhle Nummer 220 aufgeräumt hatten, fanden sie in der Ecke noch einen Sandhaufen, den wollten sie mit Holzschaufeln beseitigen. Unerwartet fiel ein großes Stück von der Höhlenwand zu Boden und eine Zwischenwand tauchte auf. Da Chang Shuhong ihnen immer wieder eingeschärft hatte, dass sie nie unerlaubt etwas bearbeiten sollten, wenn sie auf etwas Außergewöhnliches trafen, ließ Dou Zhanbiao die Leute, die den Sand wegschaffen wollten, nichts in der Höhle berühren. Er aber lief sofort, um den Institutsleiter zu benachrichtigen.

Eine halbe Stunde später entfernen Chang Shuhong und die nachgekommenen Dong Xiwen und Li Yu behutsam die Wandtapete auf der Wandoberfläche. Ihre Hände zittern vor Aufregung, als sie plötzlich einige helle Farben sehen. In der Höhle ist es still. Sie halten den Atem an, die Augen weit geöffnet beobachten Dou Zhanbiao und die

Arbeiter, wie Chang Shuhong und die anderen die Wandoberfläche entfernen. Sie verstehen zwar nicht viel von der Kunst, wissen aber ganz genau, dass die sich Stück für Stück auftuenden Höhlenmalereien, die sich in der Zwischenschicht versteckten, so grandios und attraktiv sind, dass man den Blick kaum abwenden kann.

Mit der Zeit wird die Lehmtapete an den Wänden aufgedeckt, vor ihnen erscheinen nun groß angelegte, gemalte Tanz- und Musikszenen: Vor großen Lichtbäumen stehen lachende Zuschauer, die vor Glück und Fröhlichkeit strahlen, den Tanz sowie die schöne Musik der Blütezeit ihrer Dynastie genießen. Eine Gruppe von Tänzerinnen in langen Kleidern dreht sich schnell, tanzt den exotischen Huxuan-Tanz, einen Tanzstil aus dem chinesischen Westen in der Tang-Dynastie. Die Kapelle, in der sich die 28 Musikanten in der Hautfarbe, nämlich gelb, weiß und sogar braun, unterscheiden, spielt mit Leidenschaft zu beiden Seiten der Tänzerinnen.

Die zwei Gruppen von Tänzerinnen genau betrachtend, bewundert Li Yu lobend: „Sind das hier noch Wandmalereien? Das ist doch eine Zeitmaschine, in der man sich frei bewegen kann! Ich bin jetzt zurückversetzt in die Tang-Dynastie."

Dong Xiwen reibt sich die Augen. „Wow, die Musikinstrumente, die die Musikanten spielen, sind nicht nur traditionelle chinesische Instrumente der Han Nationalität, sondern es gibt auch noch solche Instrumente von Volksstämmen im Westen sowie Schlaginstrumente, Blasinstrumente und Zupfinstrumente aus anderen Ländern … insgesamt 15 verschiedene Musikinstrumente!"

Dou Zhanbiao sagt wie im Traum: „Diese Fresken, die sind einfach unglaublich bemalt … Ich habe den Eindruck, dass ich jetzt selber in den Malereien bin. Ich bewundere zusammen mit den Leuten dort die Laternen, genießen mit ihnen die Tanzshows."

„Das sind die am vollständigsten erhaltenen Wandmalereien aus der frühen Tang-Dynastie!" Hinter der Brille treten Chang Shuhong Tränen in die Augen. „Die Ausführung, die Färbung, und und und … Jedes Stück ist genial, einfach unvergleichbar!"

Die umstehenden Arbeiter, die sonst gern Witze erzählen und laut lachen, bleiben in diesem besonderen Augenblick still. Sie sind verzückt, das erkennt man an ihren Gesichtern. Es sieht aus, als ob sie in Ruhe der wunderschönen Musik aus der Tang-Dynastie zuhören würden.

Am Abend wird im Huangqing-Tempel lebhaft wie beim Frühlingsfest gefeiert. Alle reden begeistert über die Höhlenmalereien der Tang-Zeit, während sie einen Blick auf den dampfenden Wok werfen und ihnen das Wasser im Mund zusammenläuft. Um den großen Wok herum duftet es nach leckerem Fleisch.

Was im Wok geschmort wird, ist Lammfleisch. Vor Kurzem ist nämlich ein neuer Kollege namens Zhao Zhongqing, der in der Armee gedient hatte, zum Institut gekommen. Bei seiner Ankunft sagte er, dass er zur Jagd gehen wolle. Am Spätnachmittag kam er tatsächlich mit einer Mongolischen Gazelle zurück. Nachdem alles vorbereitet war, wird also nun das Fleisch im Wok geschmort. Alle sind überglücklich darüber. Unglaublich wohlriechend ist das Gericht! Alle können sich kaum mehr daran erinnern, wie lange sie kein Fleisch gegessen haben.

So ist es auch bei Shana und dem kleinen Jialing. Vor ein paar Tagen hatte der kleine Jialing hohes Fieber, die Mutter wollte ihm eigentlich eine Eiersuppe bereiten, damit er etwas Nahrhaftes essen konnte, aber sie hatten keine Eier. An Fleisch ließ sich nicht im Geringsten denken.

Was in dieser öden und verlassenen Gegend ihren Hunger befriedigen kann, sind im Frühling die Saaten von den Ulmen. Der kleine Lama pflückt sie von den Ulmen, gibt Salz hinzu, mischt sie mit Mehl, dämpft sie dann im Topf für eine Weile. Das schmeckt so gut, dass sie alles vergessen könnten. Aber das ganze Jahr hindurch gibt es nur ein paar Tage, an denen man Ulmensaaten bekommt.

„Zeit zum Essen!" Zhao Zhongqing entfernt den Topfdeckel und ruft. Gleichzeitig serviert er die Fleischsuppe für jeden in einer Schüssel. Bald hört man im Huangqing Tempel nur hungrig schlingende Geräusche.

Der kleine Jialing schluckt in Sekunden eine Schüssel Lammfleisch hinunter, ungesättigt schleckt er noch einmal an seiner schnell ausgeleerten Schüssel. Dass sie oft zum Essen kein Fleisch haben, quält den kleinen Jungen. Was ihn aber noch mehr beunruhigt, ist, dass seine Eltern, die sonst nie streiten, zurzeit oft Krach miteinander haben.

Gerade beginnen sie wieder eine Auseinandersetzung. Es ist so laut, dass das Geräusch fast das Dach umstürzen lässt. Der kleine Jialing beugt sich in die Zimmerecke. Mit Tränen in den Augen sieht er die vor Wut rot werdenden Eltern an und versucht, sich möglichst kleinzumachen.

„Ich will mich scheiden lassen, ich werde mit den Kindern weggehen." In der Stimme der Mutter sind ihre Unzufriedenheit und Wut spürbar. „Ich kann diesen Ort keinen Tag mehr aushalten! Du malst jeden Tag nur die Fresken ab, pflanzt Bäume, bringst Türen an. Du kümmerst dich überhaupt nicht um die Gesundheit der Kinder. Du denkst nicht einmal daran, dass sie jetzt beim Aufwachen doch wichtige Nährstoff brauchen, aber täglich nur die Speisen bekommen, die man nicht hinunterschlucken kann, sondern erbrechen muss!"

Der Vater sagt ein wenig ratlos: „Zhixiu, wir haben viel zu tun. Hab doch mehr Verständnis für mich."

„Verständnis, Verständnis, kennst du nur dieses Wort? Wer kann mich verstehen?", erwidert die Mutter in erhöhter Stimmlage.

Die Ohren des kleinen Jialing beginnen zu klingen. Er beugt sich tiefer. Zum Glück sind die Onkel und Tanten in den Höhlen mit dem Malen der Wandmalereien beschäftigt, sonst kämen sie sicher alle wegen des Geschreis her.

Hat Mama gerade gesagt, dass sie sich vom Papa scheiden lassen will? Der kleine Jialing versteht nicht ganz, was Scheidung bedeutet, allerdings ist es ihm sicher, dass Scheidung sicher kein gutes Wort ist. Was kann er dagegen tun? Was soll er machen, damit Mama und Papa nicht mehr miteinander streiten, sondern wie früher glücklich und harmonisch zusammenleben?

Eine warme Hand umarmt den zitternden kleinen Jialing. Es ist seine ältere Schwester Shana. Sie bringt den kleinen Jialing nach draußen vor das Haus und sagt ihm im ernsten Ton, der eigentlich nicht zu ihrem Alter passt: „Jialing, mein Bruder, du willst auch nicht, dass Vati und Mutti sich scheiden lassen, oder?"

Jialing nickt mehrmals eifrig mit dem Kopf.

„Dann folge mir." Die beiden verlassen den Tempel und verstecken sich hinter einen Sandhügel.

Wenn die Sonne im Westen untergeht, wird es in der Umgebung völlig dunkel. Es ist abends auf der Gobi äußerst kalt, der kalte Wind schneidet wie ein scharfes Messer ins Gesicht und in den Körper. Dem kleinen Jialing wird kalt und er ist hungrig, seine Lippen werden vor der bissigen Kälte blau. Shana hält ihn fest in den Armen und tröstet ihn.

„Schwester, bis wann sollen wir noch hierbleiben? Ich möchte nach Hause."

„Sei brav, lieber kleiner Jialing, halte durch. Wenn Vati und Mutti uns suchen und hierherkommen, können wir heim. Wenn wir ihnen keine Sorge bereiten, werden sie immer heftiger miteinander streiten!", erklärt Shana.

„Na, dann verstecke ich mich weiter, damit die Eltern keinen Streit mehr haben." Voller Verständnis nickt der kleine Jialing, hört aber plötzlich Wolfsgeheul. Er bekommt solch große Angst, dass seine Zähne klappern. „Sch…Schwester, ich habe große Angst. Wollen wir nach H…Hause zurückgehen?"

Shana gibt keine Antwort, sondern umarmt ihren Bruder noch fester. Jetzt sind sie schon seit einigen Stunden weg. Werden Vati und Mutti nach dem Streit nun nach ihnen suchen?

In diesem Moment hören sie im nächtlichen Wind die angstvollen Rufe von Chang Shuhong und Chen Zhixiu: „Shana! Jialing! Wo seid ihr denn? Nachts gibt es Wölfe, kommt schnell zurück!"

Als der Junge die bekannten Stimmen vernimmt, kann sich der kleine Jialing nicht mehr zurückhalten. Er läuft weinend aus dem Sandhügel heraus und stürzt sich gleich in die warmen Arme der Mutter.

Shana bleibt dagegen hartnäckig. „Vati und Mutti, wollt ihr noch weiter streiten? Wenn ja, dann laufen wir nächstes Mal noch weiter weg, bis ihr mich und den Bruder nicht mehr wiederfindet!"

Das vor Kälte blau gewordene Gesicht der Tochter ansehend, wissen Chang Shuhong und Chen Zhixiu sofort, dass sie es mit ihren Worten ernst meint. Sie bekommen Angst und beteuern: „Wir werden nie mehr streiten. Shana, du wirst dich erfrieren, komm und geh mit uns nach Hause."

In den folgenden Wochen streiten die Eltern tatsächlich nicht mehr, was Shana und den kleinen Jialing sehr freut. Doch dann erhalten sie eine erschreckende Nachricht: Ihre Mutter, die zur ärztlichen Untersuchung nach Lanzhou gefahren ist, lässt sie in Stich und wird nicht zurückkommen nach Dunhuang. Ihr Vater, der erst später davon hört, ist entsetzt und reitet mit seinem Pferd los, um die Mutter zu suchen.

„Mama, ich will Mama!" Der vierjährige Jialing fällt auf den Sandboden, streckt seine Arme in die Richtung aus, in die die Mutter gegangen ist. Tränen fallen auch Shana unaufhörlich vom Gesicht. Schließlich ist sie schon 14 Jahre alt, versteht eher als ihr kleiner Bruder, was das bedeutet. Aber gerade jetzt muss sie mutig sein, denn sie hat nun einen kleinen Bruder zu betreuen. „Jialing, weine nicht. Du hast gesehen, dass Vati unserer Mutti nacheilt, er wird mit ihr zusammen zurückkommen." Shana wischt mit ihrer Ärmelstulpe die Tränen ihres Bruders ab.

„Wirklich? Dann gehen wir zum Mingsha-Berg, warten dort auf Papa und Mama. Okay?" Bei dem Satz der älteren Schwester geht Jialing vom Weinen zum Lachen über. Er steht auf, nimmt Shana an die Hand und läuft aus dem Haus.

Dong Xiwen, der zur Betreuung der zwei Kinder gekommen ist, sieht zwei Gestalten, eine größere, die andere klein, in die Ferne gehen. Er ruft eifrig und laut den beiden nach: „Kinder, kommt zurück! Es wird bald dunkel!"

Die beiden Kinder drehen sich aber nicht, sondern sie wollen auf die Spitze des Mingsha-Berges hochklettern, in der Hoffnung, dass sie von dort die Eltern gleich erblicken können, sobald sie zurückkehren. Die beiden tun Dong Xiwen so leid, dass er ihnen schnell nachläuft. Die Sonne geht bereits unter, der Mond zeigt sich am Himmel. Die Geschwister klettern mühsam auf die höchste Stelle des Mingsha-Berges. Sie bleiben da still wie zwei Statuen, starren angestrengt auf das Ende des Feldweges, der sich in die Ferne streckt. Auf ihm müssen die Eltern zurückkommen.

Dong Xiwen sagt schluchzend, als er bei den Kindern ankommt: „Wartet nicht weiter, Kinder. Eure Eltern können heute nicht nach Hause zurück. Gehen wir morgen noch mal hierher und warten auf sie. Sollen wir das so machen?" Widerwillig gehen die Geschwister mit dem Onkel Dong nach Hause.

Am zweiten Tag sind Shana und Jialing frühmorgens schon wieder auf der Bergspitze. Sie gucken sich die Augen nach ihren Eltern aus, die beiden sind aber immer noch nicht in Sicht.

Am dritten Tag sind Shana und Jialing noch deprimierter, nachdem sie wieder einen ganzen Tag bis zum Sonnenuntergang auf dem Mingsha-Berg erfolglos gewartet haben. In letzten Moment sieht Shana, die einen scharfen Blick hat, dass eine undeutliche Gestalt am Horizont erscheint. „Da ist Papa! Vati ist zurück!" Jubelnd rennt Shana mit dem kleinen Bruder den Berg hinunter.

Chang Shuhong, der in den drei Tagen seiner Reise viel Gewicht verloren hat, verzweifelt ist und nicht ganz bei sich zu sein scheint, steht bald vor seinen Kindern. Er ist in den vergangenen Tagen und Nächten wie verrückt mit dem Pferd seiner Frau nachgeeilt, bis er in die Tiefe der Wüste Gobi umfiel. Wenn er nicht von einem geografischen Expeditionsteam gerettet worden wäre, wäre Chang Shuhong sicherlich in der Wüste begraben worden. Doch als er nach einer Ohnmacht wieder zu sich kam, wollte er keine Minute verlieren. Er stieg erneut aufs Pferd, um nach seiner Frau zu suchen. Kurz vor seiner Weiterreise erhielt er jedoch die Nachricht, dass Chen Zhixiu in einer Zeitungsannonce bekannt gegeben hatte, die Ehe mit ihm aufzulösen. Das erzählt er nun den Kindern.

„Papa, will Mama uns nicht mehr? Oooh nein, ich vermisse Mama, ich will meine Mama!" Der Kleine umarmt seinen Vater und weint laut. Shana beißt sich fest auf die Lippen, bis Blut zu sehen ist. Der Vati ist schon traurig genug, dass sie ihn nicht weiter nach der Mutter fragen möchte. Nun aber weiß Shana genau, dass die Mutter nicht zurückkehren wird. Für immer. Ab jetzt gibt es in dieser Familie nur den Vater, den kleineren Bruder und sie, die voneinander abhängig und aufeinander angewiesen sind.

In der späten Nacht schläft der kleine Jialing mit Tränen auf dem Gesicht ein. Mühsam murmelt Chang Shuhong seiner Tochter zu: „Shana, ich möchte etwas mit dir besprechen ... Dein Bruder ist noch klein und Vati ist immer sehr beschäftigt. Ich fürchte, dass du wahrscheinlich nicht mehr weiter die Mittelschule in Jiuquan besuchen kannst."

„Alles klar." Shana nickt verständnisvoll und sagt: „Vati, ich werde mich um den kleinen Bruder kümmern. Ich werde für ihn kochen und Wäsche waschen."

Nun beginnt auch Chang Shuhong zu weinen.

6. Der gereizte junge Mann

An einem Tag im Jahr 1946 hockt ein junger Mann mit dunklem, schmalem Gesicht am trüben, heftig strömenden Gelben Fluss vor ein paar Gemälden. Er hält die Zeitung des Tages in der Hand.

„Sind die Gemälde von dir? Die sind gar nicht schlecht, wie viel kosten die?", fragen ihn die vorbeikommenden Leute.

„Ich verkaufe sie nicht, verkaufe sie nicht!" Der gerade noch ruhig wirkende junge Mann hüpft und springt, die Zeitung in der Hand haltend, plötzlich wie verrückt lachend auf der Stelle, wobei ihm die Augen tränen. „Herr Chang, ich habe so lange auf diesen Tag gewartet!"

„Was hat den jungen Mann so erschüttert?", fragen sich die Leute und sagen: Pfui, es tut leid, dass er schon in so jungem Alter verrückt ist." Die Passagiere sehen den Mann mitleidig an.

Der junge Mann will dagegen keine Zeit verlieren und sich nicht um die mitleidigen Blicke kümmern. Er lässt die Gemälde einfach liegen, läuft mit der Zeitung in der Hand weg.

Ein ganzes Jahr, ja, ein ganzes Jahr hat er darauf in der Stadt Lanzhou, die weit von seiner Heimat entfernt ist, gewartet. Er verdient seinen Unterhalt, indem er Gemälde verkauft oder Wasser transportiert. Und das alles nur mit dem Ziel, diese Nachricht zu hören: Das Dunhuang Forschungsinstitut wird wieder eröffnet.

Der junge Mann heißt Duan Wenjie. Als er studierte, wurde er einst von der Gemäldeausstellung der Dunhuang Wandmalereien, die von Zhang Daqian veranstaltet wurde, so tief bewegt, dass er sich fortan von Dunhuang verzaubert zeigte. Nachdem er die Nationale Kunsthochschule absolviert hatte, machte sich Duan Wenjie sofort auf den langen Weg in Richtung Dunhuang. Überraschenderweise traf er gerade da in Lanzhou den traurigen Chang Shuhong mit seinen zwei minderjährigen Kindern.

Wegen des Kapitalmangels hatte die Regierung das Forschungsinstitut zum Denkmalschutz in Dunhuang aufgelöst. Chang Shuhong wollte nun zum Regierungssitz nach Nanjing fahren, um die Verwaltung zu überzeugen, das Dunhuang Forschungsinstitut wieder in Betrieb zu nehmen.

„Herr Chang, ich bleibe hier und warte darauf, bis Sie wieder zurück sind!", hatte Duan Wenjie zum Abschied gesagt und Chang Shuhongs Hand festgehalten.

„Xiao Duan, warte bitte nicht auf mich. Alles ist noch ungewiss ..." Den jungen Mann vor sich betrachtend, musste Chang Shuhong damals mehrmals seufzen. Er war wegen der Scheidung von seiner Frau sehr niedergeschlagen und wurde nun von einem weiteren schweren Schlag betroffen: Im Juli 1945 hatte das Bildungsministerium in Chongqing die Personalvergütung eingestellt, was dazu führte, dass die meisten Mitarbeiter das Institut verlassen mussten. Jetzt blieb nur noch Dou Zhanbiao in der Mogao-Höhle. Chang Shuhong versuchte in der Zeit alles Mögliche, um Unterstützung und Finanzierung für das Projekt zu finden. Was sich ergeben würde, wusste Chang Shuhong selber nicht, deshalb konnte er auch von niemandem verlangen, hierzubleiben und auf ihn zu warten.

„Ein Jahr ist vorbei und Herr Chang ist endlich wieder da! Dunhuang, ich werde dich endlich wiedersehen!" Der tief in Erinnerungen an die früheren Ereignisse versunkene Duan Wenjie tanzt und gestikuliert so vor Freude, dass ihm alle Leute aus dem Weg gehen.

Einige Tage später sieht Duan Wenjie nach einem Jahr Chang Shuhong wieder. Der Mann mittleren Alters, der im letzten Jahr noch so niedergeschlagen war, ist jetzt in bester Stimmung. Er sitzt in einem zwar abgenutzten, aber voll mit Gütern und Materialien beladenen Lastkraftwagen. Neben ihm ist noch eine Gruppe von Jungakademikern und neu angestellten Mitarbeitern.

Bei der Wahrnehmung von Duan Wenjies lauten Rufen dauert es noch eine Weile, bis Chang Shuhong ihn wiedererkennt. Ist der junge Mann mit der dunkelbraunen Hautfarbe, der nun vor ihm steht, noch der hübsche junge Maler mit der hellen Hautfarbe ein Jahr zuvor, der damals gerade das Studium abgeschlossen hatte?

Während des vergangenen Jahres hatte es Chang Shuhong sehr schwer. Er war in Lanzhou, Chongqing und anderen Städten gewesen, hatte aber überall unter verächtlichem Blick zu leiden. Um mehr Einfluss zu gewinnen und sein Anliegen bekannt zu machen, hatten Chang Shuhong und seine Tochter Chang Shana in der Stadt Lanzhou eine Gemäldeausstellung organisiert, die die Höhlenmalereien und Freskenszenen in den Mogao-Höhlen zum Thema hatte. Durch seine zwanzig, dreißig Gemälde sowie Skizzenwerke und dreißig bis vierzig Gemälde von Shana wurden viele Prominente und hohe Beamte auf die Attraktion der Gegend Dunhuang aufmerksam und begeisterten sich dafür.

Als sie zudem zur Kenntnis nahmen, dass solche Gemälde von einem 14-jährigen Mädchen geschaffen wurden, waren sie noch tiefer berührt und zeigten sich bereit, Chang Shuhong mit Geldmitteln oder Gütern zu unterstützen.

Da die Mutter die Familie verlassen hatte, musste Shana in der Zeit die Schule unterbrechen. Sie begann, mit ihrem Vater, den Onkeln und Tanten die Höhlenmalereien zu malen, wenn sie Zeit hatte. Was Chang Shuhong, der sich ständig mit schlechtem Gewissen plagen musste, jedoch erfreulich fand, war, dass seine Tochter bald schon ziemlich gut im Malen war. Was ihn noch mehr erfreut war, dass sie die lang ersehnte Genehmigung, nachdem sie sich ein Jahr lang darum bemüht hatten, von der Regierung bekamen. Die Regierung in Nanjing hatte nun endlich die Neueröffnung des Forschungsinstituts in Dunhuang bewilligt.

„Steig ein, wir fahren nach Dunhuang!"

Als sich Chang Shuhong und Duan Wenjie nun nach einem Jahr in Lanzhou wiedersehen, werden viele Gefühle in ihnen wach.

Ist es Dunhuang, das ihnen immer am Herzen liegt?

Nachdem der Lastkraftwagen mehrere Tage durch die Gegend geholpert ist, haben Duan Wenjie und die anderen jungen Leute mehrmals die gleiche Frage gestellt: „Herr Chang, wie weit ist denn Dunhuang noch entfernt?"

Vor den hoffnungsvollen Blicken lächelt Chang Shuhong immer und erwidert geduldig: „Bald, wir sind bald schon da."

Alle verstehen unter diesem *bald* eigentlich eine kurze Entfernung, aber ihr Ziel liegt gegen alle Erwartungen noch sehr weit entfernt. Sie fahren von Lanzhou los, auf dem Weg legen sie den Wuxiao-Gebirgsrücken, die Tengger-Wüste hinter sich, dann erreichen sie über die Badain Jaran Wüste den Jiayu-Pass, fahren von da an weiter nach Guazhou, das auch als das Sturmreservoir der Welt bezeichnet … Bis sie endlich mit beiden Füssen fest auf dem Boden in Dunhuang stehen, sind alle schon so strapaziert, dass ihnen alle Knochen wehtun.

„Die zauberhaften Höhlen sind so ähnlich wie die Augen, die allerlei durchgemacht haben!" Als Duan Wenjie in die Höhle eintritt, muss er den Atem halten. Die Gemälde von Zhang Daqian sind wunderschön und die Fresken in den Mogao-Höhlen, die nun vor ihnen erscheinen, sind noch atemberaubender. So fängt für Duan Wenjie ein neues Leben in Dunhuang an. Ein äußerst hartes Leben. Sie wohnen in einem umgebauten Stall, wo es komisch riecht. Das Zimmer ist schlicht ausgestattet mit einem aus Erde gebauten Bett und dem aus ungebrannten Lehmziegeln gebauten Tisch sowie einem Regal. Sogar das sogenannte Sofa ist aus den ungebrannten Lehmziegeln. Das Trinkwasser ist das bittere und salzige Alkaliwasser, stillt den Durst nicht, nach dem Trinken schmeckt es nur bitter im Mund.

Huo Xiliang aus Shandong ist mit Duan Wenjie gemeinsam in dem Lastkraftwagen nach Dunhuang gefahren. Wenige Tage später bekommt er trockene und rissige Haut. Im Alter von 20 sieht der junge Mann nun wie ein schrumpeliger kleiner alter Mann aus. Außerdem kann er sich nicht akklimatisieren und es juckt ihn unerträglich, sodass er sich am ganzen Körper wundkratzen möchte.

Mit dem Essen haben sie auch große Probleme. Sie haben schon drei Tage aufeinander nur die im Wasser gekochten Kartoffeln gegessen, an den folgenden drei Tagen gibt es auch nur Kartoffeln, und zwar im Salz gedippte Kartoffeln oder mit Knoblauch gemischte Kartoffeln. Auch das kann man wegen des gelben Sandes in der Wüste nicht ruhig genießen. Wenn man nämlich die Kartoffeln nicht gleich aufisst, wird die Schüssel mit Sand bedeckt. Wegwerfen ist zu verschwenderisch, deshalb kann man nur alles schnell unzerkaut schlingen, alles – also Kartoffeln mit dem Sand. Wenn man Fleisch bekommen möchte, muss man in die Stadt fahren. Die Hin- und Rückfahrt beträgt mehr als 50 Kilometer, mit dem Ochsenkarren dauert es 12 Stunden. In der Wüste ist der Sonnenschein besonders stark, zudem gibt es auf dem Weg dorthin keinen Schatten. Aus diesem Grund ist es oft so, dass das frisch gekaufte Fleisch nach der Rückkehr schon ranzig und ungenießbar ist.

Duan Wenjie möchte aber keine Zeit verlieren, um sich um solche Dinge zu kümmern. Er läuft eilig zum Malen der Wandmalereien in die Höhlen, um jede Linie und jedes Detail der Wandmalerei zu kopieren. Höhlenmalereien zu malen, ist harte Arbeit, denn es bedeutet nicht, einfach alles abzumalen, sondern man muss die Kunstschaffungen von den Malern vor tausend Jahren lebendig und lebensecht aufs Papier wiedergeben. Besonders wenn es um jene umfangreichen und inhaltreichen Fresken geht, muss man es mit eigener Hand versuchen, denn niemand hat Erfahrungen mit dem Malen solcher Höhlenmalereien.

Trotz allem ist Duan Wenjie voller Selbstvertrauen. Er hatte sich die Aufgaben anfangs leichter vorgestellt, weil er sehr auf seine soliden Kenntnisse und Basistechniken setzte.

Spät in der Nacht kommt er nun in sein Zimmer zurück, stürzt sich sofort in sein Bett, streckt seine Arme und Beine müde aus. Er fühlt sich so erschöpft, weil er den ganzen Tag nach oben auf die Höhlendecke blicken musste, um die Fresken von der Decke malen zu können. Sein Hals ist steif. Was ihn außer der Körperarbeit erschöpft, ist der psychische Druck: Es gelingt ihm überhaupt nicht, die originalen Wandmalereien lebensecht zu malen. Die Gemälde, die er mit großer Mühe geschaffen hat, ähneln zwar dem Original, sind aber nicht lebendig. Ihnen fehlt irgendwie der sogenannte ästhetische Reiz.

„Was stimmt nur nicht?", fragt er sich immer wieder.

Nach angestrengtem Nachdenken beginnt Duan Wenjie, die künstlerischen Eigenschaften der Höhlenmalereien genau zu studieren. Er liest alte Bücher zum Thema Fresken, immer wenn er frei hat. Nach dem hartnäckigen Pauken erkennt Duan Wenjie immer besser die in den Höhlenmalereien versteckten Geheimnisse. Die Attraktion der Wandmalereien in Dunhuang liegt insgesamt in drei Kerntechniken, nämlich in der Strichzeichnung, Schattenzeichnung und in der lebensechten Zeichnungsweise. Und diese drei Techniken werden in unterschiedlichen Epochen, Figuren und Tierarten jeweils anders präsentiert.

Beim wiederholten Nachdenken bekommt Duan Wenjie das Gefühl, als würden plötzlich die Kunstmaler der früheren Zeit vor ihm stehen und ihm erklärten, wie sie damals die Malereien entwarfen und mit der Strichzeichnung begannen, wie sie den Schattenriss planten und färbten und wie sie die Blicke und Körperbewegungen verschiedener Figuren lebendig darstellten. Die Wandmalereien der früheren Zeiten zeigen eher kühle Farben, während sie in der Sui- und Tang-Dynastie einen hellen bzw. herrlichen Farbton haben, und in den nachfolgenden Zeiten immer milder und tiefer werden … Um die feinen Unterschiede genau wiederzugeben, fängt Duan Wenjie an, auch die Farbstoffe verschiedener Zeit eingehend zu erforschen.

„Wunderbar! Xiao Duan, der Buddha, den du malst, gleicht dem Original in der Körperhaltung, im Farbton und Anblick aufs Haar!" Der alte Lama betrachtet die von Duan Wenjie gemalten Gemälde, lächelt vor großer Freude, sodass sich die Falten in seinem Gesicht zu glätten scheinen.

Mit einem wohligen Gefühl sieht sich Duan Wenjie die gerade von ihm gefertigte Gemälde an. Sein voller Einsatz hat sich gelohnt. Dank seiner fleißigen Arbeit gewinnen seine Gemälde endlich Form und Leben.

7. Geisterklatsche

In der Höhle singt Duan Wenjie das bekannte Arbeitslied, einige junge Leute im Kunstteam geben sich gemeinsam Mühe, die Tausendfüßler-Leiter aufzustellen. Das Ehepaar Shi Weilin und Ouyang Lin klettert mit Huo Xiliang und den anderen auf die Spitze, zieht die Zeichenbretter, Malstaffeleien und die Kisten mit Farben nach oben. Dann beginnen sie, Petroleumlampen in der Hand haltend, mit der anderen Hand die Höhlenfresken zu malen.

Wegen der stabilen und exzellenten Maltechniken und umfangreichen Grundkenntnisse fällt Duan Wenjie in kurzer Zeit auf. Chang Shuhong bestimmt ihn zum Gruppenleiter des Kunstteams, macht ihn verantwortlich für die Malerarbeit der Höhlenfresken.

Das Malen der Höhlenfresken gilt als der grundlegendste Bereich im Dunhuang Forschungsinstitut. Damit die wertvollen Höhlenmalereien in den Mogao-Höhlen nicht nur im kleinen Raum versteckt bleiben, sondern möglichst vielen Leuten nähergebracht werden, und um die umfassende sowie tiefschürfende Kultur aus Dunhuang, die eine lange Geschichte hinter sich hat, bekannt zu machen, sind so viele Wandmalereien wie möglich zu malen. Und die Höhlenmalereien, die in den Mogao-Höhlen aufbewahrt sind, haben den größten Umfang auf der ganzen Welt. Es ist nicht schwer vorstellbar, wie man sich für das Malen solch umfassender Höhlenfresken einsetzen kann.

In den Höhlen ist es dunkel, bei schönem Wetter wird ein Spiegel am Eingang der Höhle aufgestellt, damit er den Sonnenschein widerspiegelt und die Höhle gewissermaßen erhellt. Wenn die Sonne untergeht, bleibt der hineingespiegelte Sonnenschein aber nicht brav an einer Stelle, sondern glitzert hin und her, was dazu führt, dass das Kunstteam ab und zu den Spiegel an eine neue Stelle stellen muss. Duan Wenjie nennt das spaßhaft: „Mit der Sonne gehen."

Wenn es bewölkt ist, ist es in den Höhlen so dunkel, dass man die eigenen Hände nicht mehr sehen kann. Zum Schutz der Fresken darf man aber keine Kerzen verwenden, deshalb müssen sie immer die schweren Petroleumlampen in der Hand halten, um malen zu können.

Schon vor der Gründung des Dunhuang Forschungsinstituts waren einige Leute zu den Tausend-Buddha-Höhlen gekommen, um die Höhlenmalereien zu malen. Sie wandten damals sozusagen die „Abdruck-Technik" an, wobei sie ein durchsichtiges Papier auf die originalen Fresken legten, mit Stiften auf dünnem Papier malten und abpauschten. Dabei war die direkte Berührung der Wandmalereien unvermeidlich, was die Originale sicherlich beschädigte. Duan Wenjie hat solches Verfahren mit der Abdruck-Technik strengstens verboten, stattdessen empfiehlt er das naturgetreue Abzeichnen der Höhlenmalereien. Man betrachtet dabei zuerst das Original, zeichnet dann einen Strich, dann betrachtet man das Original wieder und setzt einen weiteren Strich, was das Malen der Fresken stark erschwert.

Dabei hat man es noch gut, wenn es um die niedrig gelegenen Höhlenmalereien geht. Wenn man vom langen Hocken die Taubheit in den Beinen fühlt, breitet man einen Filz auf dem Boden aus und malt auf dem Bauch liegend weiter.

Dagegen fällt das Malen der höher gelegenen Fresken ziemlich schwer. Da muss man auf der Tausendfüßler-Leiter, vergleichbar mit der Show von Akrobaten im Zirkus, in der Luft Stück für Stück malen. Wenn man nicht aufpasst, fällt man runter und wird blutig und wund. Um die Fresken an der Höhlendecke abmalen zu können, muss man den Kopf hochheben, bis der Kopf und der Körper einen 90 Grad Winkel bilden. In dieser Haltung fühlt man sich schnell schwindlig und unwohl, vor allen Dingen dann, wenn man den ganzen Tag über in dieser Position verharren muss.

Das Malen der Höhlenfresken ist zudem auch von der Jahreszeit abhängig. Es ist jetzt Winter und eiskalt. Die Temperaturen in den Höhlen sinken auf bis zu Minus 20 Grad, sodass man den Pinsel nicht festhalten kann, weil die Hände vor Kälte immer zittern. So reiben sie sich die Hände, hauchen in die Hände, um die fast gefühllos werdenden Hände zu wärmen. Aber alle Tricks wirken nicht wirklich in der eisigen Kälte der Höhlen.

Da erblickt Duan Wenjie die Brotbeutel, die auf dem Boden liegen. Alle nehmen immer ihren Proviant mit und essen in den Höhlen zu Mittag, um mehr Zeit fürs Malen zu haben. Neben den Brotdeuteln ist eine kleine Tasche mit Chiliflocken, die Duan Wenjie, der aus Stadt Mianyang, der Provinz Sichuan stammt, bei jeder Mahlzeit essen möchte.

„Wenn ich nun die Chilis mit dem gebratenen Mehl mische …"
Nach diesem Gedanken mischt Duan Wenjie mit seinen steif gefrorenen Fingern die Chiliflocken mit dem gebratenen Mehl zusammen und ruft die anderen zu sich: „Kommt und probiert das scharf gewürzte Mehl, ich verspreche, es ist Hunger stillend und wirkt sehr gut gegen die Kälte!" Bei dem Satz greift er eine Handvoll von dem Mehl und gibt es sich in den Mund.

Es funktioniert. Nach einem kleinen Moment fühlt sich Duan Wenjie viel wärmer. Die wegen der Kälte steif gewordenen Finger sind wieder biegsam. Dann wendet sich Duan Wenjie zu den Fresken und beginnt erneut mit dem Malen. Immer wenn es ihm kalt wird, nimmt er eine Handvoll von dem von ihm erfundenen „scharfen Mehl" zu sich.

Wenn Shi Weixiang, der ebenfalls aus der Provinz Sichuan kommt, sieht, dass Duan Wenjie als Teamleiter wieder malen kann, stopft auch er sich eine Handvoll scharfen Mehls in den Mund. Es ist zwar so scharf, dass ihm der Magen wehtut, aber die Kälte um ihn herum scheint wie verfolgt zu sein und die Hände hören auf zu zittern. Shi Weixiang sieht Duan Wenjie an, bricht in Lachen aus und sagt: „Herr Teamleiter, dieses scharf gebratene Mehl, das du erfunden hast, ist gar nicht schlecht, es hat uns viel geholfen."

Das wegen des Chilis rot gewordene Mehl in der Hand betrachtend, ist Duan Wenjie von einem betrübten Gefühl gepackt. Die Chiliflocken hat er von seiner Mutter aus der Heimat geschickt bekommen. Um nach Dunhuang fahren zu können, hatte er sich von seiner jungen Frau und seinem Sohn, der damals noch nicht einmal zwei Jahre war, verabschieden müssen. Nun geht sein Sohn schon zur Schule, kennt seinen Vater aber wohl nicht mehr. „Ich muss mal nach Hause fahren, um die Familie zu besuchen", sagt er. Aber das Kunstteam hat so viel zu erledigen, dass Duan Wenjie kaum Zeit findet, zu verreisen. Die Tage vergehen schnell und schon bald ist der Frühsommer des nächsten Jahres da.

An einem Abend geht Duan Wenjie wie immer mit der Flinte patrouillieren. In Dunhuang ist der Temperaturunterschied vom Morgen zum Abend sehr groß. Es ist zwar Frühsommer, aber am Abend ist es noch beißend kalt, sodass man sich gegen Kälte einen Mantel aus Schaffell anziehen muss. Das knatternde Geräusch, dass ab und zu zu hören ist, ist in der ruhigen Nacht merkwürdig. Der junge Mann, der mit Duan Wenjie zusammen patrouilliert, kann sich nicht halten und reckt seinen Hals.

Das Geräusch kommt von den Silberpappeln an beiden Seiten des Weges und wird von den Einheimischen *Geisterklatsche* genannt, denn die Pappeln machen Geräusche, wenn es weht, die sich anhören, als ob jemand in die Hände klatscht. Herr Chang gibt sich in diesen Jahren große Mühe, mit den Mitarbeitern weitere Bäume zu pflanzen. Während die Silberpappel vorher nur licht vor der Tausend-Buddha-Höhle standen, dehnt sich jetzt ein grüner Wald zur Oase aus, der üppig in der Wüste steht.

Sie befinden sich im Moment in einer turbulenten Zeit. Die Befreiungsarmee soll schon nordwestlich nach Gansu und Xinjiang marschieren, während die Soldaten der Kuomintang auseinanderlaufen, um sich zu verstecken. Viele sind zum weit liegenden Dunhuang gelangt, was dazu führt, dass inzwischen in dieser Gegend viele Banditen Raubüberfälle begehen. Daher fangen Duan Wenjie und einige Kollegen an, tagsüber und nachts freiwillig mit Flinten auf Patrouille zu gehen, um die Denkmäler in den Mogao-Höhlen sowie Mitarbeiter am Institut zu schützen.

An diesem Abend schlüpfen einige dunkle Gestalten heimlich in den Wald aus Silberpappeln hinein. Im kühlen Mondlicht sind die Dinger in deren Händen klar zu erkennen. Pistolen sind es! Duan Wenjie drückt ruhig den Abzug an der Flinte – ein mit seinen Kollegen abgesprochenes Warnsignal.

„Habt ihr die Schüsse gehört? Es gibt Banditen!" Die schlafenden Mitarbeiter am Institut springen sofort aus dem Bett. Um jederzeit auf einen Raubüberfall von den Banditen vorbereitet zu sein, sind es alle schon gewohnt, ins Bett zu gehen, ohne sich auszuziehen.

Chang Shana nimmt ihren Bruder bei der Hand und sieht dem Vater nach, der allen Leute befiehlt, sich zu verstecken. „Macht schnell! Bergauf, versteckt euch in größeren Höhlen!"

Shana weiß, dass der Vater damit die Mogao-Höhlen meint. Hier bezeichnet man die Mogao-Höhlen als „bergauf" und die Stadtmitte als „in die Stadt". Selbst der Mond wirkt wegen der Schüsse beängstigt und versteckt sich auch hinter den dunklen Wolken. Es wird sekundenschnell überall finster. Weil sie den Weg nicht klar sehen können, gehen Shana und ihr Bruder schwankend nach vorn, drohen jede Zeit zu stolpern und hinzufallen, bis sie endlich zu den Mogao-Höhlen gelangen.

„Shana, Jialing, passt auf die Sandsäcke unter euren Füßen auf", erinnert sie Ouyang Lin.

Damit die Wandmalereien in den Höhlen vor Banditen geschützt werden und ferner den Leuten ein sicherer Platz in Not geboten wird, haben sie vorher Sandsäcke an den Eingang der Treppe und in die Tunnel zur Absperrung gestapelt. Überraschenderweise findet Shana einige schwarze Gewehre auf einer Seite in der Höhle und in der Ecke gibt es Nahrungsmittel und Trinkwasser.

Draußen ist es still, man hört nur das Geräusch von Geisterklatschen. Der ängstliche kleine Jialing schmiegt sich noch tiefer in die Arme seiner Schwester. Shana drückt ihn und sieht um sich. Sie befinden sich in der Höhle Nummer 320. Das Licht von Petroleumlampen leuchtet auf ein Bruchstück in den Fresken an die Wand, das wie ein Flicken aussieht. Shana hat von ihrem Vater gehört, dass der große hässliche Flicken an der Wand von dem Räuber Landon Warner aus den USA hinterlassen wurde.

Früher standen die Mogao-Höhlen nicht unter irgendwelchen Schutzmaßnahmen und die Kunstschätze in den Höhlen zogen mehrere ausländische Expeditionsgruppen hierher. Ohne Erlaubnis stahlen sie zahlreiche religiöse Schriften, Buddha-Statuen und Wandmalereien, die jede für sich als nicht reproduzierbare Kostbarkeit gilt.

Der amerikanische Räuber namens Warner war besonders ungezügelt. Er raubte mehr als zwanzig erstklassige Höhlenmalereien aus der Tang-Dynastie, die sich in den Höhlen Nummer 335, 321, 329, 323 und 320 befanden, indem er ein spezielles Klebeband auf die Oberfläche der Fresken klebte und damit die Wandmalereien mit Gewalt entfernte. Er haute sogar eine farbige Guanyin-Bodhisattwa-Statue von der Wand und nahm sie fort. Die Diebstähle dieses verrückten Amerikaners galten als äußerst einfach und grob, was dazu führte, dass die Höhlenfresken schwer beschädigt wurden. Obwohl seitdem viele Jahre vergangen sind, müssen die Leute immer noch von solchen Flicken an der Wand abgeschreckt werden.

In diesem Moment hört man Schritte. Alle in der Höhle 320 sind gespannt – jemand nähert sich den Höhlen. Von den Schritten ist zu vermuten, dass es mindestens vier oder fünf Personen sind. Shana macht ihre Augen weit auf, blickt unbewegt in die Richtung des Höhleneingangs, wobei ihr Herz wie verrückt schlägt.

Duan Wenjie und Chang Shuhong wechseln Blicke. Beide sind fest entschlossen, sich in der Not zu opfern, um die Höhlenwandmalereien zu schützen. Seit sie sich als Verteidiger der Mogao-Höhlen fühlen, erlauben sie keine Beleidigung der Denkmäler mehr, was in der Geschichte oft der Fall war.

„Puh." Ouyang Lin pustet die Petroleumlampe aus und die Höhle wird sofort stockfinster.

Die Schritte verstummen. Duan Wenjie, der die Flinte gehoben hält und den Eingang anvisiert, macht sich bereit zu schießen, indem er den Abzug an der Flinte drückt.

Die Zeit vergeht außergewöhnlich langsam, das Herz schlägt allen bis zum Hals. Es scheint ewig lang zu dauern, bis die Schritte *schua, schua, schua* wieder hörbar werden und sich immer mehr entfernen. Draußen wird es still, man hört nur das Geräusch des Klatschens der Silberpappeln.

Shana ist erleichtert. Sie betrachtet die Höhlenfresken, die jetzt wieder von den Petroleumlampen erhellt sind, und sagt: „Wenn Vati und die anderen hier sind, wird das Flicken-Ereignis nie wieder passieren."

8. Konfrontation mit Wölfen

„Oh, du hast so hohes Fieber?!"
Frühmorgens legt der Kollege Liu Zongwen die Hand auf die Stirn von Li Yunhe, weil der sonst sehr fleißige Frühaufsteher heute nicht wie immer pünktlich erscheint. Dabei springt Liu vor Erschrecken fast auf.
„Bei so hohem Fieber wird das Gehirn beschädigt, du musst sofort ins Krankenhaus!" Ganz schnell führt er zwei Esel in die Nähe, setzt Li Yunhe, dem wegen des Fiebers schwindlig wird, auf den Rücken eines Esels und reitet mit ihm sofort in die Stadt. In der Wüste Gobi lassen im Sonnenschein die beiden Reiter zwei in die Länge gezogene Gestalten hinter sich. Da der Weg menschenleer ist, wagt Liu Zongwen normalerweise nicht, diese Abkürzung zu gehen. Aber heute möchte er Li Yunhe möglichst schnell ins Krankenhaus bringen.
Li Yunhe, der Neffe von Huo Xiliang ist, ist neu in Dunhuang und ist für das Saubermachen und Aufräumen der Höhlen zuständig. Obwohl die Holzstege an Mogao-Höhlen immer mehr verfallen, manche sogar einzustürzen drohen, kümmert sich der junge Mann nicht darum, sondern klettert jeden Tag fleißig darauf auf und ab.
Beim Saubermachen wird jedoch sein Interesse für die zerstörten Höhlenmalereien und die farbigen Statuen, denen die Arme oder Beine fehlen, geweckt. Immer wenn er Zeit hat, forscht er nach den Gründen für die Zerstörung der Wandmalereien und überlegt sich die Lösung für die Restaurierung der Fresken. Aus diesem Grund hält Chang Shuhong viel von ihm und möchte ihn zu einem richtigen Denkmalschützer ausbilden, die zurzeit grundwichtig für das Forschungsinstitut sind.
„So ein guter Kerl. Außerdem ist sein Onkel Huo Xiliang ein Spezialist für die Kunst, malt gut, kann auch forschen. Er versteht sich nämlich gut auf die Datierung der Fresken, sodass alle im Institut ihn hoch schätzen. Ich muss deshalb auf jeden Fall vermeiden, dass seinem Neffen etwas passiert." Bei diesen Gedanken wirft Liu Zongwen einen Blick auf den nachfolgenden Li Yunhe, der wegen des hohen Fiebers fast ohnmächtig ist und geschwächt auf dem Rücken des Esels liegt. Liu Zongwen wird noch nervöser, schwenkt die Peitsche auf des Esels Hintern. „Schnell, geh doch schneller!"

Unerwartet geht der sonst folgsame Esel nicht schneller, sondern legt sich plötzlich nieder. Liu Zongwen, der unvorbereitet ist, fällt fast runter.

Li Yunhe, der schläfrig und nicht ganz bei sich ist, merkt, dass etwas nicht stimmt. Er hat das Gefühl, dass sich der Esel, auf dem er liegt, niedergelegt zu haben scheint. „Sind wir schon im Krankenhaus?" Li Yunhe bemüht sich, die Augen zu öffnen, schafft es aber nicht. Der grelle Sonnenschein in der Wüste Gobi lässt alles um ihn herum verschwommen erscheinen, sodass er nichts klar sehen kann. Plötzlich nimmt er ein schnelles unterdrücktes, ein wenig weinendes Geflüster wahr. Aufmerksam stellt er fest, dass es die Stimme von Liu Zongwen ist: „Wir sind mit Wölfen konfrontiert! Was machen wir jetzt?"

„Was? Wölfe?!" Li Yunhes Pupillen verengen sich im selben Augenblick. Er hat sich an das Sonnenlicht gewöhnt und sieht einen Wolf, der wenige Meter entfernt vor ihnen steht und sie unbewegt fokussiert. Li Yunhe erkennt sogar sein graues Fell, das im Sandwind der Wüste weht.

Li Yunhe ist in der Stadt Weifang, Provinz Shandong, aufgewachsen und hörte in der Kindheit oft in den Geschichten, die die Oma ihm erzählte, von Wölfen. Nun sind sie so nah mit einem lebendigen konfrontiert. Vor überwältigender Angst und großem Erschrecken kommt er ein wenig zu sich, überlegt sich erregt mögliche Gegenmaßnahmen.

„Was sollen wir jetzt tun? Mit dem Esel davonreiten?" Li Yunhe weiß nicht, ob ein Esel im Normalfall gegenüber Wölfen Chancen hat. Aber die zwei Esel haben jetzt ihren Mut völlig verloren, sodass sie nur auf dem Boden liegen und erschaudern. Sie scheinen gar nicht aufzustehen zu wollen, wie sollen sie da laufen?

Der Wolf bleibt unbewegt, kauert still an der Stelle, wobei der eiskalte Blick in seinen ruhigen und tiefen Augen klar erkenntlich ist. Er wartet auf eine günstige Gelegenheit.

Li Yunhe wirft seinen Blick nochmals auf die zitternden Esel. Sie sind doch das kostbarste Gut im Forschungsinstitut, werden auch am häufigsten verwendet, wenn sie ausgehen möchten. Falls sie vom Wolf gefressen würden, wäre es ein großer Verlust für das Institut.

„Kämpfen wir eben durch!" Der junge und mutige Li Yunhe nimmt nun seinen Mut zusammen und flüstert Liu Zongwen verstohlen ins Ohr: „Nehmen wir uns einige Steine und kämpfen zusammen gegen den Wolf. Uns soll nichts passieren, den Eseln auch nicht!"

Liu Zongwen blickt Li Yunhe entgeistert an und denkt heimlich bei

sich: „Kämpfen? Gegen den Wolf? Ist der junge Mann wegen des hohen Fiebers verrückt geworden?"

Da steigt Li Yunhe schon mühsam vom Esel. Er schwenkt die Peitsche auf des Esels Hintern, mit dem Ziel, dass die Esel zuerst davonlaufen, bevor der Wolf mit der Attacke beginnt. Aber die Esel sind so verängstigt, dass sie auf dem Boden bleiben, sich kein Stück von der Stelle bewegen, wie sehr Li Yunhe die Peitsche auch schwingt.

Währenddessen steht der Wolf, der vorher unbewegt geblieben ist, auf, und gibt ein unterdrücktes Knurren vor sich.

„Will er uns jetzt angreifen?" Li Yunhe ist aufgeregt. Er schwingt die Peitsche und peitscht schwer auf den Bauch eines Esels. Der Esel springt plötzlich auf, rennt wild weg. Der andere Esel, der seinen Gesellen weglaufen sieht, kommt auch wieder zu sich. Er springt ebenfalls auf, rennt wie verrückt mit dem anderen fort. Der Wolf folgt ihnen nicht, sondern fixiert die zwei großen Männer mit Peitschen und Steinen in der Hand. Er scheint insgeheim abzuschätzen: „Wenn ich mit den zwei Menschen einen Kampf beginne, bekomme ich nicht unbedingt einen Vorteil."

Als Li Yunhe die Hemmungen des Wolfes erkennt, wechselt er mit Liu Zongwen einen Blick. Der Letztere begreift sofort das Signal, tritt zusammen mit Li Yunhe in kleinen Schritten zurück, entfernt sich allmählich vom Wolf. Der Wolf verfolgt sie nicht, sondern knurrt unzufrieden ein paar Male, geht langsam weg.

In dem Moment spürt Liu Zongwen erst, dass der Angstschweiß seine Kleidung durchnässt hat. Und Li Yunhe, der vorher so erregt war, fällt wegen der Entspannung auf einmal zu Boden. Er hält nicht mehr durch, weil er noch immer hohes Fieber hat, und gerade so einen atemberaubenden Notfall erleben musste.

Liu Zongwen stützt Li Yunhe sofort mit der Hand, geht mit ihm angestrengt zu Fuß durch die Wüste. Glücklicherweise finden sie nach kurzem Weg die zwei davongelaufenen Esel wieder. Dann geben sie die Abkürzung auf, reiten mit den Eseln einen langen Umweg bis zum Krankenhaus der Kreisstadt. Als Li Yunhe zur Untersuchung kommt, ist er bereits in Ohnmacht gefallen.

Später setzt sich Li Yunhe, der nur knapp seine Krankheit überlebt hat, wieder für die Restaurierung der rissigen und verzogenen Wandmalereien ein. Als Li Yunhe wegen des mangelnden Know-hows über die Restaurierung der Höhlenfresken immer besorgter wird, bekommt er eines Tages im Juli 1957 eine gute Nachricht: Der Experte für Denkmalschutz aus der Tschechoslowakei namens Joseph Glar kommt am nächsten Tag mit einem anderen Kollegen in Dunhuang an, um die zerstörten Höhlenfresken zu restaurieren.

In der Nacht vor der Ankunft der Experten bleibt Li Yunhe vor lauter Aufregung wach und wälzt sich von einer Seite auf die andere. Es ist ja verständlich, dass die Mogao-Höhlen diesmal in der Tat zum ersten Mal einen ausländischen Experten begrüßen dürfen. Dieser soll die fortschrittlichste Methode der Zeit, die „Spritzen-Restaurierung", beherrschen, mit der die verzogenen Wandmalereien eingeebnet werden können, was für das Dunhuang Forschungsinstitut eine große Hilfe in der Not bedeutet.

Am zweiten Tag beginnen der Experte Glar und sein Kollege in der Höhle Nummer 474 die verzogenen Höhlenfresken geschickt zu restaurieren, sie geben den zerstörten Malereien nämlich *Spritzen*. Li Yunhe steht dabei, beobachtet alles sehr genau, versucht, sich Glars Tätigkeiten und Tun zu merken.

Glar blickt Li Yunhe aus dem Augenwinkel kurz an, schnaubt kalt: „Willst du dir meine Techniken heimlich aneignen? Keine Chance!" Er hat sich längst auf so etwas vorbereitet, indem er alle Materialien in Zahnpastatuben hineingestopft hat, sodass von außen sich kein einziges Material zu erkennen ist.

Als es dunkel wird, denkt Li Yunhe, der wieder zu Hause ist, bei sich: „Es macht nichts aus, wenn die Experten allerlei Vorsichtsmaßregeln treffen. Wenn ich häufig bei ihnen bleibe und sie bei der Arbeit genau beobachte, kann ich sicher etwas von ihnen lernen."

In diesem Moment hört er, wie sich Glar vor der Zimmertür beschwert: „Was für ein verdammter Ort ist es hier? Es gibt nicht mal eine Dusche!"

„Sie befinden sich in der Wüste, wo das Wasser sogar teurer als Gold ist. Auch das Trinkwasser ist nach mehrtägiger Absetzung des Sandes erst trinkbar", erklärt der Kollege, der für Empfang und Betreuung der ausländischen Experten verantwortlich ist, indem er gutmütig und freundlich lächelt.

„Wir wollen nicht in so einem Zimmer wohnen! Bauen Sie für uns ein zweistöckiges Haus, wo man sich jeden Tag duschen kann!" Glar ist wütend. „Sonst werde ich keinen Tag länger bleiben!"

Diese Forderung ist für das Institut, dem es derzeit an allem mangelt, total unmöglich und kaum vorstellbar, aus diesem Grund zeigt der Kollege nur ein bitteres Lachen. „Kommen diese ausländischen Experten denn hierher, um uns zu helfen oder das Leben zu genießen?", fragt er sich. Da ihre Forderungen nicht befriedigt werden, fahren Glar und sein Kollege tatsächlich zwei Tage später verdrießlich ab. Li Yunhe hat aber dennoch etwas gelernt. Er weiß jetzt, dass er mit Kreuznieten die Wandmalereien befestigen und mit Spritzen statt Pinseln die Malereien restaurieren kann. An den folgenden Tagen denkt er darüber nach, wie die ausländischen Experten Schritt für Schritt den Höhlenfresken Spritze gegeben haben, und versucht, das Verfahren der Spritzenmethode nachzuahmen.

Li Yunhe befestigt zuerst mit Kreuznieten die Wandmalereien, dann vermischt er bestimmte weiße Zahncreme-artige Stoffe gleichmäßig mit Wasser zum Klebstoff. Im nächsten Schritt hält er eine dicke Spritze, tropft den Klebstoff darin am Rand der rissigen Stellen ein. Wenn die Oberfläche der Fresken trockener ist, drückt er mit Wattetupfern, die in Gaze eingewickelt sind, die verzogenen Stellen vorsichtig und sanft glatt, damit die Oberfläche der Höhlenfresken glatt und festgeklebt bleibt. Die Aufgabe scheint einfach zu sein, verlangt jedoch sowohl Kenntnisse als auch Geschicklichkeit. Allein die Zusammensetzung von verschiedenen Stoffen lässt sich nach wiederholten Versuchen erst in einer verhältnismäßigen Proportion herstellen.

Um den passendsten Stoff für die Restaurierung zu bekommen, macht Li Yunhe immer wieder Versuche, verarbeitet die Ausgangsmaterialien mit verschiedenen Methoden: dampfen, dünsten, trocknen …

Li Yunhe hat nur einen Gedanken im Kopf: Die Denkmäler in den Mogao-Höhlen gehören zu den nicht ersetzbaren Kulturschätzen, deshalb muss man nach einer perfekten sowie sicheren Lösung suchen, sie zu erhalten. Es geht überhaupt nicht, aufgrund unangemessener Restaurierung die originalen Höhlenfresken irgendwie zu beschädigen.

9. Der Höhlen-Kindergarten

An den Mogao-Höhlen gibt es keinen Kindergarten. Die Eltern sind jeden Tag in den Höhlen beschäftigt, in der Umgebung ist nur die nackte Wüste, wo es Wölfe geben soll, deshalb bietet sich für Kinder kaum etwas Unterhaltsames. Allerdings haben die Kinder ihren Spaß, sie gehen nämlich oft mit ihren Eltern in die Höhlen.

Mein wortkarger Vater Shi Weixiang ist immer wie umgewandelt, wenn er in die Höhlen eintritt. Mal starrt er eine Statue an und murmelt: „Meine kleine Dunyu, kannst du dir vorstellen, dass diese wunderschöne Statue aus Schlamm geschaffen ist?" Mal bewundert er voller Gefühle: „Die Personen in den Malereien, ihre Kleider sind so schön." Aber in den meisten Fällen vergisst Vati meine Anwesenheit, weil er ganz im Malen vertieft ist. Ein knapper Quadratmeter Fläche der Höhlenmalerei kostet ihn oft mehrere Monate.

Meine Mutter Ouyang Lin malt besonders gern jene Feen. Sie nennt sie fliegende Apsaras, während ich die Bezeichnung Fee vorziehe. Die Feen sehen wunderschön aus, wenn sie im Rücken Pipa spielen und tanzen, während die Säume ihrer langen Kleider und die Ärmel in der Luft fliegen. Was ich besonders fantastisch finde, ist, dass sie allein mit wenigen Bändern in den Himmel fliegen können. Wie aber haben sie das geschafft?

Da ich jeden Tag meine Eltern und die anderen Freskenmaler erlebe, wird meine starke Zuneigung zum Malen erweckt. Unsere Stifte sind teuer, deshalb bekomme ich keinen von denen. Deshalb nehme ich einen Ast und male auf der dünnen Sandschicht auf dem Boden. Die Erwachsenen bezeichnen das aus Spaß als Höhlenkindergarten, weil ich hier von ihnen das Zeichnen lerne.

„Als das erste in den Mogao-Höhlen zur Welt gekommene Kind kann die kleine Dunyu tatsächlich mit 4 Jahren schon die Umrisse der Höhlenmalereien in Mogao zeichnen!", sagt Onkel Chang, der irgendwann herauskommt. Er hockt neben mir und streichelt mich liebevoll am Kopf.

Papa lächelt schlicht und ehrlich: „Ich hoffe, dass sie später so intelligent wird wie Shana."

Ich habe die größere Schwester Shana noch nicht persönlich kennengelernt, höre aber oft von meinen Eltern von ihr. Sie sagen, dass Schwester Shana und Onkel Chang eine Gemäldeausstellung veranstaltet haben, als sie noch im Teenageralter war. Ihre Begabung und ihre Talente haben eine kanadische Frau mit jüdischer Herkunft namens Ye Lihua so begeistert, dass Schwester Shana auf Einladung von Frau Ye zum Studium in die USA gefahren ist. Ein paar Jahre später wurde sie nach ihrer Rückkehr von der Nationalen Kunsthochschule aufgenommen. Dann war sie wegen ihrer ausgezeichneten Maltechnik sogar für die Konzeption der Bankettsaal-Decke der Großen Halle des Volkes verantwortlich. Sie ist wirklich großartig. Ich werde auch so gut wie sie sein, wenn ich groß bin.

Was mich besonders interessiert, ist, dass ich dem Onkel Duan folge und ihn auf der hohen Pfeilstirn-Leiter beim Malen der Wandmalereien beobachte. Wenn er Stifte oder Farben benötigt, reiche ich sie ihm, damit er nicht ständig auf oder ab klettern muss. Und die gebrauchten Stifte kann ich auch geschickt mit dem Wasser, das ich mit einem Fass aus dem Fluss vor den Höhlen geholt habe, sorgfältig abspülen.

Ich finde solche bunten Höhlenmalereien einfach schön, obwohl ich nicht alles verstehen kann, weil ich noch ein Kind bin. Eines Tages starre ich stumpf die Freske *Dujuns*, (der chinesische Titel für den Militärgouverneur einer Provinz) – *Frau bei der Buddha-Verehrungszeremonie*, an, weil ich von dem wunderschönen Gazeschleier, den eine Frau auf dem Bild am Arm hängt, verzaubert bin.

„Kleine Dunyu, magst du die Schleier am Arm von Dujuns Frau?"
Während Onkel Duan malt, erklärt er mir die Kleidung des Altertums. „Wir können einfach die Schleier mit dünnen Zikaden-Flügeln vergleichbar machen, weil ... Sieh mal hier, die Muster und Dekorationen unter dem Schleier sind klar ersichtlich."

Ich nicke energisch mit dem Kopf, werfe einen Blick auf die Ecke unten links im Bild. Da ist ein Stück nicht klar zu sehen, man erkennt an der Stelle gerade noch zwei Menschenköpfe. „Onkel Duan, dieses Gemälde ist hässlich, es ist kaputt. Vervollständige bitte den Defekt, da du doch so gut malen kannst."

Das Lächeln in seinem Gesicht wird starr, er sagt: „Dunyu, das kann nur ein echter Meister leisten."

„Ein echter Meister?" Ich verstehe das nicht und kratze mich am Kopf. Für mich sind Onkel Duan und meine Eltern schon erstklassig.

Nun scheint es aber so, dass auch sie nicht fähig genug sind, den Defekt an der Höhlenwand zu auszubessern.

Meistens ist Onkel Duan tief ins Malen versunken und er spricht kein Wort, sodass sich nichts in der großen Höhle regt. Ich kann die eintönige Stille nicht ertragen und fliehe hinaus, laufe mit dem Sohn vom Onkel Duan, Duan Jianshan, in eine andere Höhle.

Wir können nie genug von dem Spiel bekommen, bei dieser Gelegenheit in verschiedenen Höhlen Abenteuer zu erleben: Seht mal da, ein gewalttätiger Lehrer. Er lässt seinen Assistenten einen Holzstock hochheben, der einem Schüler nacheilt, um ihn zu prügeln. Der arme Schüler hat keine Schuhe an, Hosenbeine und Ärmel hochgezogen, zieht er seinen Hintern nach oben und sieht ängstlich den Holzstock an, der im nächsten Moment auf sein Hinterteil fallen wird. Er tut uns sehr leid. Die anderen Schüler auf dem Gemälde, die in hinteren Teil des Zimmers am Tisch sitzen, haben ihre Bücher geöffnet, konzentrieren sich aber nicht auf das Buch, sondern sehen den bestraften Schüler an. Im Gemälde zeigen sie vielfältige Gesichtsausdrücke. Manche haben große Angst, während andere wütend sind …

Mein Vater sagt mir, dass in diesem Gemälde die körperliche Züchtigung der Schüler in alten Zeiten abgebildet wird. Um Kenntnisse zu erwerben, müssen sie ab und zu von Lehrenden auf den Hintern geschlagen werden. Oh je, wie jämmerlich sie waren … Zum Glück bin ich nicht in jener Zeit geboren.

Der größere Bruder Jianshan liebt es, die Lebenssituationen der Menschen in alten Zeiten zu untersuchen. Zum Beispiel geht es in der Wandmalerei in der Höhle 159 darum, dass man sich mit kurzen Zweigen die Zähne putzt. „Mit Zweigen die Zähne putzen? Wie machen sie das?" Ich bin total verblüfft.

Bruder Jianshan erklärt mir das lächelnd: „Vor mehr als 1300 Jahren legten die Leute schon Wert auf den Schutz der Zähne, da knabberten sie an kleinen Zweigen, um die Zähne und Zungen zu putzen." Ich schlampe dagegen immer beim Zähneputzen – nur mit dem Ziel, meine Mutter zu täuschen. Heimlich habe ich mir vorgenommen, mir von nun an die Zähne besser zu putzen. Die Vorfahren, die keine Zahnbürsten hatten, wussten sogar die Zähne zu schützen, ich möchte nicht rückständiger als sie sein.

„Dunyu, weißt du, wie alt die Mogao-Höhlen sind?" Bruder Jianshan erkennt, dass ich wieder in meinen Gedanken entrückt bin, und stellt mir Fragen. Solche Fragen bringen mich gar nicht in Not. Alle wissen ja, dass mein Vater als *lebendes Lexikon* in Dunhuang bezeichnet wird, weil er sich mit den Denkmälern in den 500 Höhlen in Dunhuang detailliert auskennt. Er hat mich unterrichtet, als ich drei war: Ungefähr im Jahr 366 n. Chr. hat man begonnen, die erste Höhle der Mogao-Höhlen zu hauen, jetzt ist es im Jahr 1960, das heißt, dass die Mogao-Höhlen bald 1600 Jahre werden.

„Dunyu, du bist sehr klug! Magst du auch Kaninchen? Ich schenke dir eins."

Meine Mutter hat mir einmal erzählt, dass Onkel Duan zum ersten Mal in die Heimat fuhr, um die Familie wieder zu besuchen, als Bruder Jianshan schon 13 Jahre alt war. Zum Vergleich war er erst knapp zwei, als Onkel Duan die Heimat verließ. Ein Jahr nach dem Familienbesuch kam Jianshan mit seiner Mutter nach Dunhuang. Für Jianshan bedeutete das, dass er endlich mit seinen Eltern zusammenleben konnte.

Die Mutter von Bruder Jianshan, Tante Long, hat vor Kurzem Bekannte gebeten, zwei Kaninchen aus der Heimat, der Provinz Sichuan, hierher mitzubringen. Sie geht seither jeden Tag in die Gobi-Wüste, Unkraut auszuwählen, um die Kaninchen zu füttern. Die zwei Kaninchen werden schnell größer, bekamen vor ein paar Tagen Babykaninchen, kuschelig und süß sind sie. Ich bin ziemlich neidisch auf Bruder Jianshan, der im Kreis Dunhuang die Schule besucht. Immer wenn Ferien sind, kommt er nach Hause, dann spielt er mit den Babykaninchen, hält sie in den Armen, reibt mit seinem Gesicht die weichen Härchen der Kaninchen. Es ist super, dass er verspricht, mir auch eins zu schenken, dann werde ich mein eigenes Kaninchen haben.

„Abgemacht!" Als wir ein Kleiner-Finger-Versprechen gemacht haben, fällt mir plötzlich ein, dass ich meine Mutti für eine Weile nicht sehen werde. Ich laufe eilig in die Höhle, in der sie malt.

Meine Mutti ist schon ein paar Male in Lebensgefahr geraten, deshalb mache ich mir immer Sorgen um sie. Zum ersten Mal war es an einem Wintertag. Es war furchtbar kalt und die Farben waren so hart, dass sie nicht zum Malen gebraucht werden konnten. Aus diesem Grund benutzte Mutti Petroleumlampen, um die Farben zu wärmen. Sie hatte aber nicht daran gedacht, dass sie es in der Höhle eine schlechte Lüftung gab und so bekam sie eine Gasvergiftung. Zum Glück hat ein Onkel sie in der Höhle rechtzeitig entdeckt und gerettet. Noch erschreckender war, als sie einmal von der Tausendfüßler-Leiter runterfiel und auf dem

Boden unbewegt und ohnmächtig lag. Egal wie ich versuchte, sie zu wecken, sie zeigte keine Reaktion. Ich, die damals zutiefst erschrocken und erschüttert war, hielt an ihrer Jacke fest und weinte fürchterlich. Seitdem bin ich es gewohnt, ab und zu zu Mutti zu gehen, um sicherzustellen, dass ihr nichts passiert.

Obwohl ich mit Bruder Jianshan das Kleiner-Finger-Versprechen gemacht habe, habe ich das geschenkte Kaninchen abgelehnt, weil sie die Kaninchen brauchen, um Onkel Duan zu retten.

Das Jahr 1960 ist ein gewaltig unfruchtbares Jahr. Das ganze Land gerät in eine drei Jahre lang währende, von Naturkatastrophen verursachte Hungersnot. Auf dem Land hat man keine Ernte, jedem wird vor lauter Hunger schwindlig, will alles Mögliche, was in Sicht kommt, essen: Unkraut, Ratten, Baumrinde …

Wegen des Hungers sieht Onkel Duan wie verwandelt aus. Weil er schon länger unterernährt ist, ist er am ganzen Körper aufgedunsen, während seine Augen tief in den Augenhöhlen liegen. Die Haut ist so geschwollen, dass beim Druck darauf immer eine Delle zurückbleibt und die Haut für eine ganze Weile eingefallen bleibt.

Eines Tages folge ich, meine beiden wegen Hunger kraftlos werdenden Beine fast schleppend, dem Onkel Duan in die Höhle. Nachdem er eine Weile gemalt hat, höre ich seinen Magen ständig knurren. Er trinkt ein bisschen Wasser aus der Schüssel, isst ein wenig eingelegtes Salzgemüse und malt mit dem Stift weiter.

Wie können aber so ein bisschen Wasser und Salzgemüse sättigen? Kurze Zeit danach hört man ein tiefes, dumpfes Geräusch in der Höhle – Onkel Duan ist vor Hunger in der Höhle ohnmächtig geworden. Da meine Kräfte nicht ausreichen, ihn hochzuziehen, eile ich sofort Hilfe suchend zu den anderen. Als Onkel Duan wieder zu sich kommt, findet er sich auf dem eigenen Kang liegen. Gleichzeitig riecht er Fleisch.

„Warum riecht es hier nach Fleisch?", fragt er. „Ich muss vor Hunger Halluzinationen bekommen haben." Angestrengt stützt Onkel Duan seinen Oberkörper ab, sieht seine Frau Long mit einer Suppenschüssel gerade ins Zimmer kommen – gefolgt von Jianshan mit geröteten Augen. Es ist nicht schwer zu erraten, dass er eben geweint hat.

„Du bist endlich wach. Du hast uns furchtbare Angst gemacht." Mit Tränen in den Augen sieht Frau Long ihren Mann an und sagt: „Iss schnell die Fleischsuppe. Du sollst dich damit stärken." Tante Long wollte schon lange ein Kaninchen kochen, damit ihr Mann und die

Kinder einmal satt und gut essen können, kann sich aber jedes Mal nicht entschließen, wenn sie die bettelnden Blicke des Sohnes sieht. Diesmal, um dem vor Hunger in Ohnmacht gefallenen Mann etwas Nahrhaftes zu kochen, verweigert sie dem Sohn das Mitgefühl und tötet ein Kaninchen.

„Jianshan, Shiying, esst bitte auch etwas davon", sagt Onkel Duan mit Bitterkeit im Herzen.

Wegen der Hungersnot sieht auch seine Frau knochig aus. Es scheint fast so, als würde sie bei einem leichten Wind gleich umfallen. Jedoch isst sie bei der Mahlzeit ganz wenig, damit ihr Sohn Jianshan, der gerade schnell wächst, möglichst genug Nahrung bekommt und nicht unter dem Hunger leiden muss. Sie mahlt das ersparte Getreide zu Mehl, macht damit gedämpfte Brötchen und trocknet sie. Nun kann Jianshan getrocknete Brötchen essen, wenn er von der Schule nach Hause kommt.

„Vati, ich habe keinen Hunger. Iss schnell die Suppe auf, solange sie noch warm ist. Erhol dich schnell", sagt Bruder Jianshan verständnisvoll, wobei er die Schüssel seinem Vater reicht.

Jedoch weiß ich, dass er immer noch traurig über das gekochte Kaninchen ist. Ich sehe ihn nämlich gerade heimlich weinen.

10. Ein „Wunder"-Arzt

Beim Öffnen der Tür von Höhle 161 bildet sich Li Yunhe ein, dass die Luft in der Höhle gefroren ist. Wegen der beim Türaufmachen eingeströmten Luft fallen die rissigen Wandmalereien sofort wie Schneefall herunter. Li Yunhe fühlt sich elendig, als er die narbigen Fresken an der Höhlendecke sowie an den Wänden und die zerstückelten Malereien auf dem Boden sieht.

Vor einigen Tagen wurde er vom Institutsleiter Chang Shuhong zu sich gebeten. Herr Chang sagte ernst: „Wenn die Höhlenmalereien in Nummer 161 keine weitere Restaurierung bekommen, werden sie für immer aus der Welt verschwinden. Ich möchte dich deshalb mit dieser Mammutaufgabe beauftragen."

Solche Wandmalereien wiederherzustellen, ist mit einer komplizierten Operation eines Arztes zu vergleichen. Als Erstes gibt es die Entstaubung, die nimmt er mit einen Gummi-Ohrenwasch-Ball vor, bläst behutsam von allen Seiten den Staub und Sand hinter den verzogenen defekten Stellen weg, dann kann der Staub auf der Oberfläche der Fresken mit einem weichen Pinsel entfernt werden. Im zweiten Schritt gibt er den erkrankten Fresken ihre *Spritzen*. Er nimmt dazu eine kleine Spritze für die Injektion, tropft den Klebstoff auf die Rückseite der verzogenen Farbschicht, um die Malerei und die Wandoberschicht wieder zusammenzukleben. Der dritte Schritt gilt dem Festkleben an die Wand. Das heißt: Nachdem der Klebstoff aufgenommen ist, befestigt er mit einem Holz-Restauriermesser die rissigen Stellen vorsichtig an dem gewohnten. Danach soll er noch den Klebstoff auf die Oberschicht der Wandmalereien spritzen und dann die Stellen walzen. Dabei muss er besonders auf den Druck aufpassen: Mit weniger Kraft hat der Druck keine Wirkung, wenn er zu schwer drückt, könnte die Malerei abgeklebt oder die Farbenschicht zerdrückt werden.

So vergehen die Tage. Als Li Yunhe schon mehr als 700 Tage in der Höhle Nummer 161 hinter sich hat, sieht diese Höhle wie verwandelt aus. Die Wandmalereien, die vorher buntscheckig und nicht fest waren, sind wieder glamourös und schön. Und die Statuen, die Defizite an Armen oder Beinen hatten, stehen da wie wiederbelebt.

„Es hat sich doch sehr verändert!" Liu Zongwen kann das kaum glauben, er reibt sich die Augen und sagt: „Diese Aufgabe ist viel mühevoller als jede Stickerei!"

Li Yunhe hat mehr als zwei Jahre gebraucht, um eine Fläche von 60 Quadratmetern der Wandmalereien zu restaurieren, im Durchschnitt konnte er täglich knapp 0.09 Quadratmeter schaffen. Das ist in der Tat viel zeit- und energieaufwendiger, als zu stricken! Er scheut sich aber überhaupt nicht vor der mühsamen Aufgabe, sondern hat nur davor Angst, den Kampf mit der Zeit um die Höhlenfresken zu verlieren.

Im Sommer 1963, als sich die Restaurierungsarbeit dem Ende nähert, hört Li Yunhe, der gerade in der Höhle beschäftigt ist, einen lauten Knall. Sofort geht ihm eine schlechte Ahnung durch den Kopf: „Oh nein, Mist!"

Ein solches Geräusch in den Mogao-Höhlen ist besonders fürchterlich, weil es für den möglichen Zusammenbruch eines kostbaren Kunstschatzes steht, was unermesslichen Verlust bedeuten würde.

Li Yunhe klettert eilig vom Gerüst runter, eilt schleunigst zur Höhle Nummer 130 im Grundgeschoß unter Nummer 161, wo der Knall herkam. Vor dem Eingang der Höhle ist es derart staubig, dass Li Yunhe ein Husten nicht unterdrücken kann. Als er in der Finsternis in der Höhle sieht, erkennt er schnell, dass eine Wandfläche von etwa 2 Quadratmetern abgestürzt ist. Sein Herz wird unendlich traurig. Diese kostbaren Kunstschätze sind in einem kurzen Augenblick für immer verloren gegangen. Noch erschreckender ist, dass die Malereien nebenan mit dem Absturz dieses Stücks auch vom Sturz bedroht sind. So wie Li Yunhe sieht, stehen manche Malereien um das schon abgestürzte Stück herum schon mehr als 10 cm von der Wand ab, scheinen auch in der nächsten Zeit abzustürzen.

Chang Shuhong und einige andere Kollegen rennen eilig herbei, nachdem sie von diesem Vorfall gehört haben. Die zertrümmerten Wandmalereien am Boden liegend betrachtend können sie kein einziges Wort herausbringen. Obwohl sie sich jeden Tag mit aller Kraft eingesetzt haben, können sie immer nur eine kleine Fläche restaurieren, dagegen ist ohne Zutun nun eine so große Fläche zusammengebrochen. Was sie besonders untröstlich macht, ist die Tatsache, dass die Höhlenfresken, die in der Geschichte viel erlebt haben, zerkratzt und narbig sind, sodass es an vielen Stellen gewölbte Stelen gibt, der Zerfall ist hier jederzeit möglich.

„Bei den Höhlenfresken in dieser Höhle geht es nun um Leben oder Tod, wir sollten keine Zeit mehr verlieren, sie zu retten." Chang Shuhong schickt sofort jemanden, Holzstücke für den Bau eines Gerüstes zu kaufen, während Li Yunhe bei sich unschlüssig über die Restaurierung der Höhle 130 ist.

Die Höhle Nummer 130 wurde während der Mitte-Tang-Dynastie gehauen. In der Höhle befindet sich die zweitgrößte Buddha-Statue der Mogao-Höhlen – also „der Große-Süd-Buddha" mit einer Größe von 26 Metern. Im Hauptraum gibt es an der Nord- und Südwand Wandmalereien mit jeweils einer gigantischen Buddha-Sitzstatue von 15 Metern und an der Decke die größten fliegenden Apsaras, die in der Song-Dynastie gemalt wurden. Sie alle haben einen sehr hohen Wert. Anders als die Höhle Nummer 161 zeigt die Höhle 130 spezielle geometrische Formen, deshalb funktioniert der normale Klebstoff hier nicht gut.

„Ich restauriere die Wandmalereien mit Kreuznieten!" Nach tagelangen Hin-und-Her-Überlegungen legt Li Yunhe schließlich den Plan fest. Wandmalereien mit Kreuznieten sind sicher hässlich, aber momentan haben sie keine andere Lösung, weil jede Art von Überlegungen Zeit kostet, was dazu führt, dass von den Höhlenfresken nichts an der Wand übrig bleiben würde.

Nachdem das Konzept festgelegt ist, beginnen Li Yunhe, Dou Zhanbiao und die anderen, an den Felsen, wo es keine Höhlenmalereien gibt, ihre Ideen versuchsweise durchzuführen. Nach mehrmaligem Bohren und Testen von aufgehängten Steinen stellen sie fest, dass ein Stahlstab mit dem Durchmesser von 12 mm und der Länge von 20 bis 30 cm ein Gewicht von 60 Kilogramm tragen kann. Sicherheitshalber ordnet Li Yunhe die Positionen der Stahlstäbe so an, dass jeder Bewehrungsstahl ein Gewicht von 49 kg trägt.

Dann gehts weiter mit der Positionierung, was eine unvergleichbare Herausforderung darstellt. In der Höhle Nummer 130 nehmen die großen Buddhas von mehr als 20 Metern Höhe die meiste Fläche ein, was dazu führt, dass die Errichtung des Gerüstes äußerst schwerfällt, weil die Fresken und die Statuen beschädigt werden, wenn man nicht genug aufpasst.

Trotz allem soll das Gerüst aber errichtet werden. Li Yunhe, Dou Zhanbiao beginnen mit ihren Kollegen, in dem engen Raum der Höhle besonders sorgfältig das Gerüst aufzustellen. Dann klettern sie darauf zur Höhlendecke, wo sie, 20 Meter hoch vom Boden Petroleumlampen in der Hand hebend, vorsichtig an den Wandmalereien langsam bohren. Das ist eine sehr ungewöhnlich harte Knochenarbeit. Zuerst müssen sie mit einem Eisenhammer und einer Bohrstange in die Wand bohren, dann einen 12 mm dicken Stahlstab 25 cm tief in die Wand einbetten, der wiederum mit Zement und Mörtel befestigt und zum Schluss mit Muttern festgemacht wird. Während der Arbeit sind die Intensität, die Kraft sowie die Dauer von grundlegender Wichtigkeit, weil sie die Bauarbeiten doch an den Felsenwänden mit wunderschönen und kostbaren Malereien ausführen. Deswegen geht die Arbeit ziemlich langsam voran. Zwei Personen brauchen manchmal einen ganzen Tag, um drei Löcher zu bohren. Außerdem gilt die Aufgabe als hart, weil sie lebensgefährlich ist. Das Gerüst ist nämlich hoch und steil, sodass ein kurzer Anblick nach unten schwindlig macht, vor allen Dingen, wenn man täglich darauf arbeitet.

Diese Arbeit in dieser großer Höhe dauert zwei Jahre – von der durchdachten Berechnung über die präzise Positionierung bis hin zu wiederholten Versuchen und Wiederholungen … Mit mehr als 300 Nieten kleben erst dann die Wandmalereien wieder fest an den Felsen.

Chang Shuhong lächelt zufrieden, wenn er diesen geschickten „Arzt" sieht, der sich mit unterschiedlichen Höhlenmalereien sowie verschiedenen „Erkrankungen" der Statuen auskennt. Dabei schweift sein Gedanke zu jenem Nachmittag zurück:

„Herr Institutsleiter, ich kann nicht weiter!"

Als Chang Shuhong an diesem Nachmittag ein gemaltes Werk betrachtete, stürmte Li Yunhe die Stirn runzelnd herein. Insgeheim wehklagte Chang Shuhong: „Oh nein! Dieser vielversprechende Nachwuchs scheint die Belastung nicht mehr durchzuhalten und will schon wieder gehen!" Das war sogar verständlich. Als junger Mann musste er hier täglich in den dunklen Höhlen hocken, und zwar gegenüber schweigenden Wandmalereien und Statuen … Ein Weggang jedoch würde Chang Shuhong sehr leidtun, er musste also etwas dagegen tun und einen so guten Nachwuchs-Kunstschützer halten. Als Chang Shuhong darüber nachdachte, wie er den jungen Mann vor ihm überreden konnte, nicht wegzugehen, sagte Li Yunhe weiter: „Warum habe ich aber das Gefühl, dass wir hier nur erfolglose Aufgaben erledigen, auch wenn ich jeden Tag Malereien restauriere und Statuen repariere?"

„Warum nennst du deine Arbeit erfolglos?"

„Diese Höhlenmalereien zum Beispiel. Ich weiß gar nicht, wie sie auf

die Wand gekommen sind. Und die Statuen, wie werden sie gehauen?",
antwortete Li Yunhe traurig. „Ferner werde ich noch konfuser, wenn es
darum geht, aus welcher Zeit sie jeweils stammen oder welche Eigenschaften sie haben. Deshalb möchte ich Malen und Bildhauerei lernen."
Chang Shuhong erstarrte und fragte: „Willst du den Beruf wechseln
und Maler werden?"

„Auf keinen Fall!" Li Yunhe erwiderte mit gespreizter Handfläche.
„Ich möchte Malen und Bildhauerei studieren, um zu erfahren, wie die
Höhlenfresken und Statuen erschaffen wurden."

„Das ist schön!", antwortete Chang Shuhong erleichtert. „Ich lasse
nun alle *Meister der acht Schulen aus allen Ecken und Enden des Landes*
zu uns kommen, um dich, unseren jungen Kerl, auszubilden!" Die von
Chang Shuhong benannte Metapher war in der Wortwahl völlig zutreffend.

Die Meister fürs Gemäldemalen, die oft von den Wandmalereien zu
den Mogao-Höhlen zum Malen angezogen wurden, kamen nacheinander. Würde es da nicht leicht sein, für den Laien Li Yunhe einen guten
Lehrer zu finden? Seither folgte Li Yunhe allen ankommenden Maler-
Meistern auf Schritt und Tritt. Wenn sie in den Höhlen beim Malen
waren, stand er auch immer dabei, beobachtete und hörte zu, wie sie
skizzierten, aufführten, malten …

Nachdem er einiges vom Malen mitbekommen hatte, bekam er eine
gute Gelegenheit, die Bildhauerei zu studieren: Einige Mitarbeiter vom
Geschichtsmuseum kamen aus Beijing hierher, um Kopien der Statuen
in der Höhle Nummer 194 zu produzieren. Li Yunhe war besonders
begeistert, lernte mit großem Interesse, Gips anzurühren, Gipsmodelle
herzustellen, zu kopieren, nachzubilden …

„Herr Chang, wenn ich jeden Tag den Fresken gegenüberstehe und
Restaurierung erledige, sieht das nicht so aus, als ob ich gegen die Wand
stehend Reflexion anstellen würde?"

Der kleine Spaß von Li Yunhe holt Chang Shuhong aus seinen Gedanken zurück. Er hat die richtige Wahl getroffen. Nachdem der junge
Mann mit seiner „Spritzen-Methode" die Höhle 161 restauriert hat,
gelingt es ihm auch, die gewölbten Bausch-Fresken mit der „Nieten-
Befestigungsmethode" wieder herzurichten, was als ausgezeichnete Pionierleistung gilt. Aus dem ehemals einfachen jungen Mann ist jetzt ein
wahrer Wunderarzt geworden!

11. Das „zarte Fräulein"
von der Beijing-Universität

Im Jahr 1962 legt die Regierung unter der Anordnung des damaligen Premiers Zhou Enlai große Geldmittel auf und startet das Renovierungsprojekt der vom Zusammenbruch bedrohten Klippe im südlichen Teil der Mogao-Höhlen in Dunhuang. Dafür ist es notwendig, dass jemand die archäologischen Überreste und Bodendenkmäler vor den Höhlen ausgräbt und sortiert. Solche professionellen Archäologen hat das Forschungsinstitut für Denkmalschutz in Dunhuang aber nicht. Im gleichen Zeitraum werden vier Archäologiestudierende der Beijing Universität zu den Mogao-Höhlen geschickt, um dort ein Praktikum im Fach archäologische Ausgrabungen zu machen. Frau Fan Jinshi ist die einzige Studentin der Gruppe.

Bei der Ankunft in Dunhuang ist Fan Jinshi überrascht und völlig außer sich, als sie die ausgezehrten Akademiker des Instituts sieht: „Sind das die Künstler, die Dunhuang schützen? Warum sehen sie wie einheimische Bauer aus?" Als Duan Wenjie ihre Reaktion erfasst, kann er nur selbstironisch lachen. Dadurch, dass sie all die Jahre in der tiefen Wüste Wind und Sonne ausgesetzt sind und ständig hart arbeiten, bekommen alle, die früher immer hochgestimmt, jung und sauber waren, raue und trockene Haut. Und in schlichter Kleidung sind sie auf dem ersten Blick in der Tat nicht von den Bauern vor Ort zu unterscheiden.

In Dunhuang muss sich Fan Jinshi noch von vielem mehr überraschen lassen. Der Reisbrei, den sie morgens zum Frühstück essen, schmeckt zum Beispiel salzig. Am Anfang meint Fan Jinshi noch, dass die Leute hier gewürziges Essen mögen und beim Suppekochen sogar Salz zugeben. Bald stellt sich jedoch raus, dass das Wasser in dieser Region an sich schon salzig schmeckt, deshalb bekommt die Suppe, die mit dem Wasser gekocht ist, einen gleichen Geschmack.

„Habt ihr euch an das Leben gewöhnt?"

Zum gastfreundlichen Empfang macht Chang Shuhong speziell für sie Kaffee mit der Kanne, die er einst aus Frankreich mitgebracht hat. Fan Jinshi probiert einen Schluck, gleichzeitig kann sie sich fast nicht halten, das Getränk auszuspucken. Was für einen seltsamen Geschmack hat der Kaffee." Er ist irgendwie bitter und salzig.

„Du kannst dich nicht daran gewöhnen, oder?" Als Chang Shuhong den Gesichtsausdruck der Studentin ersieht, muss er lachen. Seit er in Dunhuang ist, trinkt er nur bitteren und salzigen Kaffee, weil das Wasser hier eben salzig schmeckt – und Zucker gehört eben zu den Raritäten. Im Alltag führen sie ein weitaus härteres Leben, als Fan Jinshi sich vorgestellt hat. Mittags und abends gibt es fast das gleiche Essen, sie bekommen nämlich immer Kartoffeln, Rettiche bzw. Karotten und Chinakohl, alles ohne Öl gekocht. Allerdings essen Chang Shuhong, Duan Wenjie und die anderen immer genussvoll alles auf. Die Speisen sind für die Leute hier als Dunhuang-Schützer, die vor Kurzem die Naturkatastrophen überlebt haben und sich oft von Grassamen ernähren mussten, schon sehr zufriedenstellend, weil sie jetzt überhaupt Gemüse zum Essen dazubekommen.

Fan Jinshi wird in einem baufälligen Tempel untergebracht. Dort kann sich dieses zarte Fräulein, das aus einer wohlhabenden Familie stammt und vor dem Studium immer eine eigene Kinderfrau hatte, nur schwer an das einfache bis rudimentäre Erdhaus und Erdbett gewöhnen. Die Zimmerdecke ist mit Papier beklebt, wirkt längst verfallen. Um Mitternacht hört man oft merkwürdige Geräusche, ab und zu fällt eine fette Maus herunter. Als ein verwöhntes Kind hat Fan Jinshi nie so was erlebt, sodass sie jedes Mal laut schreien muss. Was ihr besonders schwer im Magen liegt, ist für sie das Aufs-Klo-Gehen am Abend, weil sie allein zur Toilette, die weit vom Tempel entfernt liegt, laufen muss.

Als Fan Jinshi eines Abends in der Dunkelheit gerade aus dem Tempel kommt, sieht sie in der Finsternis zwei Augen, die unklar grün leuchten. Vor Schreck stößt sie ein lautes Geschrei aus, wobei sie schnell wegläuft. Sobald sie abgehetzt wieder im Tempel ist, verriegelt sie die Tür und beginnt, tief durchzuatmen. „Was war gerade für ein Tier? War das ein Wolf oder ein Wiesel? "

Die ganze Nacht hindurch wälzt sich Fan Jinshi im Bett, kann die Augen kein einziges Mal zumachen. Als es endlich hell wird, geht sie achtsam zur Tür und bis zu dem Ort, an dem sie gestern dem „Wolf" begegnet ist, findet aber nur einen Esel, der da entspannt steht und seinen Schwanz schwenkt. Für eine Weile weiß Fan Jinshi nicht, ob sie lachen oder weinen soll. Das Wesen, das sie gestern zu Tode beängstigt hat, ist ein Esel.

Fan Jinshi achtet eigentlich sehr darauf, sauber zu bleiben, aber in

Dunhuang sind ihre Haare immer klebrig, egal wie oft sie sich die Haare mit der parfümierten Seife wäscht. Deshalb wendet sich Fan Jinshi an Ouyang Lin, als sie sieht, dass Ouyangs Haare glatt aussehen. „Das Wasser in Dunhuang hat seine ungewöhnliche Eigenart, die ausgerechnet parfümierte Seifen nicht mögen. Wenn du dir deine Haare sauber waschen möchtest, kannst du Waschpulver benutzen", erklärt ihr Ouyang Lin lächelnd. Fan Jinshi ist verwirrt. Haarwäsche mit Waschpulver? Schadet das den Haaren nicht? Allerdings sind ihr die klebrigen Haare so unangenehm, dass sie versuchsweise das Waschpulver bei der Haarwäsche ausprobiert. Und es stimmt: Was die parfümierte Seife nicht erledigt, erreicht das Waschpulver.

Die vier Praktikanten klettern jeden Tag hinter Duan Wenjie und den anderen auf der Tausendfüßler-Leiter zur Forschung in die Höhlen. Das ist für sie aber keine Leiter! Nur ein Pappelstock, auf der kürzere Stöcke im Abstand von 30 cm genagelt sind. Sie müssen immer mit Händen und Füßen auf dieser fürchterlichen Leiter mit einem Tragestab klettern, da man sonst leicht runterfallen kann. Als sie zum ersten Mal auf der Leiter sind, musste Fan Jinshi ihren ganzen Mut zusammennehmen, um den ersten Schritt zu machen.

Beim Anblick der fantasievollen Muster und farbenprächtigen Tönungen der Wandmalereien in den Höhlen denkt Fan Jinshi, deren Beine noch vom Hochklettern der Tausendfüßler-Leiter zittern, dass sich diese Strapaze gelohnt hat. Die meisterlichen Maler aus verschiedenen Dynastien sind trotz der zeitlichen und räumlichen Distanz hier zusammengekommen, haben erstklassige künstlerische Werke hinterlassen, die sich jetzt wie ein umfangreiches Museum darbieten, was sie in Archäologievorlesungen an der Beijing Universität nie erlebt haben.

Über die Wandmalerei „Pipa im Rücken spielend" in der Höhle Nummer 112 hat Fan Jinshi vorher in Bildbänden gelesen, weil diese als eine repräsentative Malerei für die Kunst in Dunhuang gilt. Damals fand sie die Personen im Bild königlich sowie edel vom herausragenden Stil, während sie jetzt, als sie selber vor der Höhlenmalerei steht, das Gefühl bekommt, dass das tanzende und singende Mädchen Leben in sich trägt und in diesem Moment vor ihr Meisterstück, Pipa im Rücken zu spielen, aufführt.

Die Lieblingstätigkeit von Fan Jinshi in Dunhuang ist, außer in den Höhlen zu forschen, das Besteigen des Sanwei-Bergs in der Abenddämmerung. Der Sanwei-Berg liegt den Höhlen an den Felsen vom Mingsha-Berg gegenüber, von da aus sind alle Mogao-Höhlen zu sehen. Wenn Fan Jinshi hier ist, bleibt sie gern mehrere Stunden und erlebt, wie der Mond aufgeht, während die Sonne noch nicht untergegangen ist, sodass sie beide gleichzeitig am Himmel über der weiten Wüste hängen. Die prächtige Landschaft betrachtend lässt Fan Jinshi ihre Gedanken frei schweifen.

Im Jahr 366 n. Chr. tauchte ein Mönch namens Lezun im grenzlosen Sand in Dunhuang auf. Er hatte eine lange Strecke zurückgelegt, um einen heiligen Ort für die Forschung der buddhistischen Doktrin zu finden. Als er stehen blieb und die Kleider in Ordnung brachte, um sich ein bisschen auszuruhen, blickte er kurz auf und erstarrte. Der Sanwei-Berg stand von Tausenden goldenen Strahlungen eingehüllt ihm gegenüber, wirkte unbeschreibbar erhebend und heilig.

„Ist das nicht der heilige Ort, nach dem ich verbissen suche?" Lezun wurde überglücklich, baute eine Höhle in Dunhuang und begann darin in seiner ruhigen bis einsamen und strengen buddhistischen Lebensweise zu wohnen.

Ein hochgebildeter Mönch namens Faliang kam nach, begann ebenfalls mit dem Höhlenbau und der buddhistischen Meditation. Er nannte die Höhlen hier „Wüste-Hochhöhle", mit der Bedeutung der hoch gelegenen Höhlen in der Wüste.

Dann kamen immer mehr Mönche, Maler und Kaufleute hinzu, die sich in Dunhuang ansammelten, um Höhlen zu bauen, Statuen zu schnitzen und die Wände zu bemalen. Innerhalb von tausend Jahren entstand aus der trostlosen Wüstenei ein Land mit Tausenden Buddhas, nach denen sich alle sehnten. Bei den Leuten galt der Höhlenbau als eine grenzlose Wohltat, deshalb benannten sie die „Wüste-Hochhöhlen" in „Mogao-Höhlen" um, wobei *Mogao* dafür steht, dass keine andere Tat erhabener als der Höhlenbau ist – also äußerst erheben.

Das Hungergefühl im Magen bringt Fan Jinshi zurück in die Gegenwart. Voller Pein drückt sie der Magen. Fan Jinshi bekam in der Kindheit Kinderlähmung. Die Krankheit wurde zwar in den folgenden Jahren geheilt, aber Fan Jinshi war immer kränklicher als andere Kinder. Seitdem sie in Dunhuang ist, kann sie sich nicht akklimatisieren und ist ständig unterernährt. Aus diesen Gründen hat sie jede Nacht Einschlafstörungen und der Magen tut ihr häufig weh. In schlimmen Fällen fällt ihr das Gehen sogar schwer.

Der Lehrer, der die vier Praktikanten begleitet, macht sich große Sorgen um sie, sodass er Fan Jinshi, die das dreimonatige Praktikum noch nicht vollendet hat, schließlich zurück an die Uni schickt.

Fan Jinshi geht bei ihrer Abreise eigentlich davon aus, dass sie nach der Rückkehr nie mehr Gelegenheit haben wird, diese verlassene Gegend zu besuchen. Was sie jedoch später besonders überrascht, ist, dass sie nach dem Studium an der Universität dem Dunhuang Forschungsinstitut zugeteilt wird. Nicht zu erwarten ist, dass sie, ein in der Großstadt Shanghai aufgewachsenes zartes Fräulein, ihr ganzes Leben dort verbringen wird.

Wenn es aber so kommt, wird es so sein.

Die nach Dunhuang zugeteilte Frau Fan Jinshi lässt sich vor ihrem erneuten Aufenthalt sofort ihre langen Haare abschneiden und bekommt eine Kurzhaarfrisur, damit es mit dem Haarewaschen leichter geht.

Um die Höhlen der antiken Welt zu erforschen, muss man sich zuerst im Klaren sein, aus welcher Dynastie die Kulturgegenstände stammen. Die Mogao-Höhle umfasst zahlreiche Höhlen, für die zudem keine Dokumente der Datierung vorhanden sind. Deshalb ist es eine dringende Aufgabe, die Zeitabschnitte der Höhlen zu bestimmen und sie zu datieren.

Die Leute, die damals die Höhlen bauten, teilten die Höhlen in drei Schichten auf – nämlich die obere, die mittlere und die untere Schicht. Manchmal besteht eine Höhle sogar aus vier bis fünf Schichten, damit die Felswand ausgenutzt und den Betenden die Buddha-Verehrung leichter fällt. Die frühesten Höhlen befinden sich in der mittleren Schicht in der Mitte der Felswand, zum Beispiel die frühesten erhaltenen Höhlen aus der Nord-Liang (397-460 n. Chr.) und der Nord-Wei (386-534 n. Chr.), die den günstigsten Platz auf der Felswand belegen und die Felswand am besten ausnutzen, während die Höhlen, die in den folgenden Dynastien gebaut wurden, sich um die Mitte der Felswand befinden, sie erweitern sich nach links und rechts sowie nach oben und unten. In der Spätzeit fällt der Höhlenbau immer schwerer, weil die ganze Felswand dicht von früheren Höhlen belegt ist. Deshalb beginnen die Leute, zwischen zwei Höhlen, die relativ weit voneinander entfernt liegen, eine neue Höhle zu bauen. Das führt schließlich dazu, dass die Höhlen aus der gleichen Zeit nicht unbedingt direkt nebeneinanderliegen und von einer chronologischen Anordnung kann man schon gar nicht sprechen.

Es sind sogar manche Höhlen – wie die Höhle Nummer 254 – vorhanden, an deren Vordertür ersichtliche Fenster eingesetzt sind. Und um die herum sind Relikte von erdroten Rahmen und Rechtecken mit weißem Hintergrund zu erkennen. Solche Überbleibsel von Mustern liegen auf der erdroten Grundfarbe der originalen Malereien. Das heißt, dass die Fresken auf der Oberfläche später gemalt wurden, nachdem die Fenster verschlossen und zugedeckt worden waren. Eines Tages in der Spätzeit wurden die verschlossenen Fenster dann wohl wieder aufgemacht, sodass die Malereien auf der Oberfläche nicht mehr vollständig blieben, sondern nur Bruchstücke von ihnen. Die übereinanderliegenden Höhlen stellen den Denkmalschützern nun eine komplizierte Frage: „Hi! Rate mal, wer ich bin. Aus welcher Epoche stamme ich?"

Fan Jinshi, die leistungsstärkste Studentin im Fach Archäologie an der Beijing Universität, wendet archäologische Methoden an, unterscheidet und klassifiziert je nach ihrer Form, Konstruktion, entsprechend dem Thema, dem Arrangement und den Inhalten der sich darin befindenden Wandmalereien sowie farbigen Statuen die Höhlen in unterschiedliche Typen, um die Höhlen in Hinsicht auf ihre Reihenfolge und die zeitliche Herkunft festzulegen.

Die wenigen Höhlen, deren Entstehungsjahr aufgrund einer Inschrift bekannt ist, gelten Fan Jinshi als Maßstab für die Datierung. Aufgrund der bestehenden Inschrift wird nämlich mit Bezug auf historische Dokumente eine absolute Datierung angegeben.

Die Arbeit ist mit peniblen Details überladen. Die Höhlen lassen sich allein in Hinsicht auf die Aufbauform in Meditationshöhle, Kuppelhöhle, Fischgräte-förmige Höhle, Höhle mit einer zentralen, quadratischen Trägersäule usw. zu unterscheiden. Auch die Höhlen aus der gleichen Zeit, z. B. einige Mogao-Höhlen aus der Nord-Zhou-Dynastie (557-581 n. Chr.), zeigen unter sich mehr als zehn unterschiedliche Aufbauformen. Deshalb fällt es schwer, die Höhlen in die geschichtliche Reihenfolge zu bringen, also festzustellen, welche Höhle älter als welche ist bzw. welche die jüngste ist. Deshalb hat Fan Jinshi an vielseitigen Merkmalen in den Höhlen die wichtigsten Unterschiede zu erkennen. Unter anderem stellt sie an den Mustern oder Säumen der Kleidung oder den Profilen der Dekorationen die Datierung der Höhlen fest. Fan Jinshi ist so auf die archäologische Untersuchung der Höhlen konzentriert, dass sie sich gar nicht um die eigenen Äußerlichkeiten kümmert. Das einst zarte und vornehme Fräulein läuft oft in von Staub und Schlamm verschmutzten Klamotten herum. Als ihr Freund Peng Jinzang einmal eine lange Strecke zurücklegt und von der Wuhan-Universität zu Besuch zu ihr nach Dunhuang fährt, muss er eine ganze Weile rätseln: Wie ist die feine junge Frau aus Südchina zu dieser jungen Frau im wilden chinesischen Nordwesten geworden?

12. Der Umzugs-Magier

Die von der Reise staubbedeckt und müde aussehende Fan Jinshi tritt mit schnellen Schritten in einen kleinen Bauernhof in der Provinz Hebei ein. Seit einigen Jahren ist sie mit Peng Jinzhang verheiratet, hat Kinder bekommen. Sie ist bereits Mutter von zwei Kindern. Jedoch lebt das Ehepaar noch getrennt. Die vierköpfige Familie ist auf drei, manchmal sogar auf vier Orte verteilt: Ihr Mann Peng Jinzhang arbeitet und lebt an der Wuhan-Universität; der ältere Sohn lebte zu Beginn bei der Großmutter, zieht dann zum Vater nach Wuhan; Fan Jinshi ist allein bei den Mogao-Höhlen in Dunhuang und den kleineren Sohn muss das Ehepaar zur Schwester des Ehemannes zur Pflege in die Provinz Hebei schicken. Da der kleinere Sohn jetzt 5 Jahre alt ist, wird es für die Tante aber schwer, sich um seine Schule zu kümmern. Deshalb fährt Fan Jinshi nach Hebei, um den Sohn abzuholen. Es sind inzwischen zwei, drei Jahre vergangen, dass sie sich zum letzten Mal sahen.

Ohne Rücksicht auf einen kleinen dunkelhäutigen Jungen, der sich schüchtern hinter der Tür versteckt, rennt Fan Jinshi direkt ins Hinterzimmer, um ihren lange Zeit nicht gesehenen Sohn zu begrüßen.

„Wie? Dein Sohn steht ja im Hof vorne! Wie kann das sein, dass du deinen eigenen Sohn nicht erkennst?", sagt die Tante sehr erstaunt.

Ist das magere Kind, das viel kleiner als die gleichaltrigen Kinder ist, ihr Kind, nach dem sie sich Tag und Nacht gesehnt hat?

„Kind, sag doch Mama! Hast du nicht immer ungeduldig und gespannt auf sie gewartet? Warum sagst du nichts, wenn sie hier ist?" Die Tante greift den kleinen Jungen am Arm, führt ihn zu Fan Jinshi.

Der Junge schaut Fan Jinshi an, wobei seine Augen von einem gemischten Gefühl erfüllt sind – Sehnsucht, Erwartung, Fremdheit und auch … Unzufriedenheit. Nachdem die Tante ihn eine Weile lang ermutigt hat, stammelt er das Wort: „Mama …"

Sobald Fan Jinshi ihren mageren Sohn fest in den Armen hält, kann sie sich nicht mehr zurückhalten und bricht in Tränen aus. „An keinem Ort der Welt ist eine verantwortungslosere Mutter zu finden als ich, die das eigene Kind nicht wiedererkennt, auch wenn es vor ihr Angesicht zu Angesicht steht."

Auch wegen des ersten Sohns hat sie große Gewissensbisse. Weil sich damals niemand um das Kind kümmern konnte, obwohl es noch ein kleines Baby war, konnte sie nur kaltherzig das Baby im Wohnzimmer verschließen, wenn sie arbeiten ging. Erst in der Mittagspause lief sie zur Pflege und Ernährung zurück.

Nach und nach wurde das Baby größer, es konnte sich selbst im Bett umdrehen, sodass es oft vom Bett runterfiel. Dann lag das Baby auf dem kalten Boden und schrie sich heiser, ohne dass es jemanden zu sich rufen konnte. Einmal bekam es Durchfall, litt sogar an Flüssigkeitsmangel, weil es zu lange auf dem Boden gelegen hatte. Das alles tat Fan Jinshi unheimlich weh. Um dies zu vermeiden, band sie das Kind schließlich mit einem Seil am Bett fest. Da lauerte aber eine neue Gefahr. Wenn sich das Kind hin und her wälzte, konnte es sich möglicherweise das Seil um den Hals wickeln.

„Wenn es zu einer Verwicklung um den Hals kommen würde, dann …" Fan Jinshi konnte nicht weiterdenken. Sie musste das Kind schweren Herzens wegschicken und einem anderen anvertrauen.

Tantes Worte unterbricht ihre Erinnerungen: „Jinshi, was ich dich fragen möchte: Was für ein Leben führt ihr eigentlich in der Familie? Jinzhang führt von klein auf ein bitteres Leben. Jetzt hat er endlich eine eigene Familie gegründet, aber er muss von dir und den Kindern getrennt leben. Bei ihm ist nicht nur niemand da, der für ihn ein warmes Essen bereitet, sondern er muss sich auch allein um euren älteren Sohn kümmern. Willst du vielleicht auch den Kleinen zum Vater in die Schule schicken, wenn du diesmal den Kleinen abholst? Wann gehst du als Frau und Mutter nach Wuhan zurück?"

Fan Jinshi wagt nicht, in die Augen der Tante zu sehen. Die Tante hat guten Grund, unzufrieden zu sein. All die Jahre hindurch muss Peng Jinzhang gleichzeitig arbeiten und sich um den Sohn kümmern, was für ihn sicher nicht immer leicht ist. Deshalb wünscht er sehr, mit seiner Frau wieder zusammenzukommen, und fragt sie oft danach, wann sie nach Wuhan versetzt werden könnte. Jedoch gibt Fan Jinshi ihrem Mann nie eine klare Antwort, denn sie kann sich nicht mehr von Dunhuang trennen. In der Oase, die sich am Dangquan-Fluss befindet und vom Sanwei-Berg und Mingsha-Berg umgeben ist, gibt es ja so viele attraktive und bedeutende Aufgaben, die sie und alle anderen Dunhuang-Schützer anziehen.

Zur gleichen Zeit steht eine Gruppe von ausländischen Experten, die zu Besuch gekommen sind, in den Höhlen, und lässt sich von den wie aus Schubladen herausgezogenen Wandmalereien begeistern. Li Yunhe steht hinter ihnen und lächelt ruhig.

Die mehrschichtigen Wandmalereien stellen sich stets als eine harte Nuss für die Restaurierung der Denkmäler dar. Wie kann man die Wandmalereien in unteren Schichten in Sicht kommen lassen, ohne die Malerei an der Oberfläche zu zerstören? Nachdem Li Yunhe über solche und ähnliche Fragen nachgedacht hat, kommt er auf eine kühne Idee: Die Malerei auf der untersten Schicht wird herausgezogen, während die Malerei aus der Song-Dynastie an der Oberfläche an die Stelle der Malerei der Tang-Dynastie auf der unteren Schicht verlegt wird.

„Das gilt ja als eine Pionierleistung in der Geschichte der Restaurierung der Wandmalereien auf der ganzen Welt!", sagt ein älterer tschechoslowakischer Experte begeistert. Er umarmt Li Yunhe und sagt: „Li, du bist einfach ein Genie!"

Genie? In diesem Moment denkt der „magische Arzt" Li Yunhe an die Jahre zurück, als er beim Experten aus der Tschechoslowakei heimlich die Technik lernte.

„Unser Lehrer hat auch die Wandmalereien der Westlichen-Xia Dynastie am Gang der Höhle Nummer 220 komplett verlegt, damit sie und die Malerei aus der Fünf-Dynastien auf einer Fläche zusammentreffen und ausgestellt werden." Die Studierenden, die hinter Li Yunhe stehen, erzählen das den ausländischen Experten mit Stolz in der Stimme.

Nummer 220 ist die Höhle, in der Dou Zhanbiao einst eine Zwischenwand fand. Außer der Wandmalerei aus der Tang-Dynastie, die auftauchte, nachdem Chang Shuhong und die anderen die schlammige Tapete auf der Oberfläche entfernt hatten, wurden unter der Westlichen-Xia-Dynastie auf der Oberfläche am Höhlengang auch Wandmalereien aus der Fünf-Dynastien entdeckt. Li Yunhe hat diese Malereien aus der Westlichen-Xia-Dynastie komplett entfernt, verlegt, restauriert und sie dann auf die Oberfläche an die Wandmalereien der Fünf-Dynastien umgezogen, was niemand zuvor geleistet hatte. Gleichzeitig zeigt sich die Schicklichkeit des „magischen Arztes" Li dadurch als vollkommen perfekt, dass die erneut zum Vorschein gebrachte Wandmalerei der Fünf-Dynastien völlig unversehrt bleibt.

Am Anfang hatten Experten sicherheitshalber vorgeschlagen, dass sie die Wandmalereien Stück für Stück entfernen und die zerstückelten Malereien dann ebenfalls an die neu gebaute Wand kleben wollten.

Nach der Untersuchung und Überprüfung vor Ort stellt Li Yunhe jedoch fest, dass die Methode, die Malereien in mehrere Stücke zu schneiden, zwar sicherer ist, aber gleichzeitig die Gefahr birgt, Wandmalereien zu schädigen. Wegen dieser Überlegung schlägt er kühn vor, die Malerei komplett zu entfernen, und zwar so, dass man die komplett entfernte Wandmalerei zuerst auf einem Stahlgerüst befestigt, sie nach der Renovierung der Wand dann in ihrer Ganzheit fest an die Wand klebt. „Ich bezeichne diese Methode als Hängemalerei. Auf diese Weise entstehen keine Spuren der Abtrennung der Malereien, und man kann auch vermeiden, dass die Malereien von der Feuchtigkeit erodiert werden, sodass die Wandmalereien länger erhalten bleiben werden."

Die ausländischen Experten klatschen kräftig Beifall. Ein junger Mann mit dem Vornamen Gao steht ganz hinten, sieht verloren an, als die Leute vorne heftig diskutieren und sich austauschen. Ihm wurde nämlich vor ein paar Tagen von Li Yunhe gekündigt.

An dem Tag warf Gao, der auf der Leiter stand und die Höhlenmalerei reparierte, ein Stück Malerei beiläufig weg, als er beim Malen ein Stück der Fresken runterfallen ließ. Li Yunhe, der sonst immer mild und weichherzig ist, geriet augenblicklich in Feuer und Flammen, als er dies sah. Er zeigte wütend mit zitterndem Finger auf Gao und sagte laut: „Geh jetzt runter, du bist entlassen!"

Es war das erste Mal, dass Xiao Gao Li Yunhe so zornig erlebt hatte. Er erschrak und war fassungslos: „Herr Li, ich …"

„Die Höhlenfresken sind Kulturschätze. Wenn sie verloren gehen und beschädigt werden, bekommen wir sie nie wieder." Li Yunh war rot vor Wut. „Auch wenn du dieses Stück ergänzen könntest, ist das nicht mehr der originale Teil des Schatzes."

„Herr Li, ich weiß, dass ich einen Fehler gemacht habe. Ich verspreche, das nie wieder zu tun." Gao sah betroffen die anderen um sich an, hoffte, dass jemand Herrn Li für ihn um Gnade bitten würde.

„Herr Li, Xiao Gao ist sehr begabt in der Malerei-Restaurierung. Würden Sie ihm bitte noch einmal verzeihen?" Ein Mitstudent trat Gao zur Seite.

Li Yunhe runzelte die Stirn und antwortete: „Viel wichtiger als die Begabung ist aber die Art und Weise, wie man die Denkmäler behandelt. Die können zwar nicht sprechen, können aber ebenfalls Schmerzen

empfinden. Jemand, der so rücksichtslos die gefallenen Freskenstücke wegwirft, ist kein qualifizierter Restaurator, weil er überhaupt nicht behutsam mit den Denkmälern umgeht."

„Du hast völlig recht." Irgendwann war Chang Shuhong dazugekommen gefolgt von seiner Frau Li Chengxian. Die Zeit war so schnell verflogen: Der junge Mann, der einstmals aus Frankreich zurückgekehrt war, war nun ein weißhaarig alter Mann. Li Chengxian, seine zweite Frau, hatte ihn all die Jahre begleitet. Denn als Chang Shuhong 43 Jahre alt war, heiratete er Li Chengxian, die vom Forschungsinstitut aufgenommen worden war. Seither waren die Eheleute mit einem Altersunterschied von 20 Jahren Kameraden, die Schulter an Schulter stehend Dunhuang schützten. Chang Shuhongs Kinder Shana und Jialing bekamen durch die Heirat wieder eine komplette Familie.

„Yunhe, wir bekommen die Bewilligung vom Amt für das Kulturerbe. Sie sind einverstanden mit deinem zweiten Plan für den westlichen Teil der Tausend-Buddha-Höhlen."

„Prima!" Li Yunhe bekam sofort strahlende Augen.

Der westliche Teil von Tausend-Buddha-Höhlen liegt mehr als 50 Kilometer von Dunhuang entfernt. Da gibt es zwei alleinstehende Höhlen aus der Nord-Wei-Dynastie (386-543 n. Chr.), in denen sowohl die Höhlenmalereien als auch die Statuen schwer beschädigt sind. Der erste Plan bestand darin, dass Li Yunhe sie vor Ort restauriert. Leider wurde es dann ungünstig, weil nach der Restaurierung jemand speziell dahin hätte geschickt werden müssen, um die zwei Höhlen zu pflegen.

„Wir ziehen die zwei Höhlen um zu den Mogao-Höhlen!" Den Experten blieb der Mund offen stehen, als sie vom zweiten Plan von Li Yunhe hörten. „So ein kühner Einfall wurde noch von niemandem verwirklicht. Gehört hat auch niemand davon!"

Li Yunhe blieb aber gelassen. Diesen Plan hatte er nicht aus dem Boden gestampft, sondern er war auf die Idee gekommen, nachdem er reiflich darüber nachgedacht hatte. Deshalb setzte er alles daran, den Plan zu verwirklichen, und hatte diesen detailliert erarbeitet.

Nachdem sich die Experten das Konzept von Li Yunhe aufmerksam angehört hatten, waren ihre Bedenken beseitigt. Sie waren fest entschlossen, den unerhörten Pionierplan kühn umzusetzen.

Die komplette Verlegung der ganzen Höhlen war mit äußersten Schwierigkeiten beladen, genau deswegen war Li Yunhes Geschicklichkeit, die wie ein wunderbarer Zauberer wirkte, als Gipfel der Vollendung zu preisen. Es ist Li Yunhe tatsächlich gelungen, die zwei Höhlen im westlichen Teil der Tausend-Buddha-Höhlen als eine Ganzheit in den 50 Kilometer entfernten Höhlenkomplex im Nordteil der Mogao-Höhlen zu verlegen, wobei die Fresken in den zwei Höhlen in die neuen Wandmalereien genau eingepasst sind, ohne dass auch nur eine Spur vom Umzug zu erkennen ist.

13. Eine Silbermünze
aus dem Persischen Königreich

Im Jahr 1982 rückt Duan Wenjie als Nachfolge für Chang Shuhong nach und wird Leiter des Dunhuang Forschungsinstituts. Im Jahr 1984 wird das Institut erweitert und zur Dunhuang Forschungsakademie umbenannt, die weiter unter Duan Wenjies Leitung steht.

Vor der Entstehung des Dunhuang Forschungsinstituts wurden zahlreiche literarische Nachlässe und Kunstschätze geplündert, was für Chinas nationale Denkmäler einen großen Verlust darstellte – die Dunhuangologie in China musste für eine lange Zeit rückständig bleiben. Da gab es zum Beispiel den Franzosen Paul Pelliot, der Verfasser des Atlas', den Chang Shuhong in Paris zu seiner größten Überraschung gelesen hatte. Er kam 1908 zu den Höhlen in Dunhuang, machte nicht nur detaillierte Notizen für alle Einzelheiten in jeder Höhle, sondern blieb auch drei ganze Wochen in den Höhlen mit den buddhistischen Heilschriften. Er plünderte insgesamt mehr als 6600 Bände von ausgewählten klassischen buddhistischen Schriften und eine Menge von Kunstschätzen. Nach der Rückkehr begann er, die Beute zu erforschen und *Den Dunhuang-Atlas für buddhistische Heilschriften* und *Den Dunhuang-Grotten-Atla*s zu verfassen.

Jedes Mal, wenn Duan Wenjie die Behauptung „Dunhuang in China, Dunhuangologie im Ausland" hörte, machte das ihn und alle anderen chinesischen Gelehrten verlegen, ja, es tat ihm im Herzen weh. Deswegen setzt er sich als Leiter ein Ziel: In der Zeit von Herrn Chang Shuhong lag der Schwerpunkt der Arbeit im Denkmalschutz – jetzt bekommt seine Arbeit das Ziel, in der Dunhuangologie zu forschen.

Die Kulturphänome und die Breite, die durch die Höhlenwandmalereien in Dunhuang widergespiegelt werden, gelten als äußerst tiefsinnig und umfangreich: Astronomie, Physik, Tanz, Kleidung, Kultur … Sie sind wie ein Code, der uns von unseren Vorfahren hinterlassen wurde. Es gibt so viel zu interpretieren. So wird in einer Wandmalerei in der Mogao-Höhle Nummer 45, die während der Tang-Dynastie entstand, eine Szene mit einer Karawane abgebildet, die während der Reise auf der Seidenstraße mit Räubern konfrontiert war. Die Karawane besteht aus Menschen aus westlichen Regionen, die man vom Aussehen her mit hohen Nasen, tiefen Augenhöhlen und Filzhüten am Kopf erkennt. Damals wurden sie von den Menschen allgemein als „Tataren" bezeichnet. Diese Malerei stellt die Gefahr und Mühe lebensecht dar, die die Karawanen in Kauf nehmen mussten, wenn sie auf dem langen Marsch etwas verkaufen wollten.

In der Höhle Nummer 45 gibt es auch eine interessante Freske, die eine Szene einer Mahlzeit in früherer Zeit abbildet. Man sieht auf dem Tisch unterschiedliche Teller, die mit vielfältigen Formen besonders schick und unkonventionell anzusehen sind. Beispielsweise der Pferde-haupt-Teller, weil er wie ein Pferdehaupt aussieht, der Klappteller für feine Gebäcke, weil der Teller mit einer Decke versehen ist ... Es entsteht hier der Eindruck, dass die Menschen in der Frühzeit sogar einen ziemlich hohen Anspruch auf gepflegte Lebensweisen hatten.

In den Höhlenfresken werden außerdem die fortschrittlichen Techniken des Weinbaus in der Geschichte präsentiert. Die Alkoholtypen der chinesischen Nation haben zwei Phasen erlebt: Die erste Phase ist die Brauerei, d. h., man braut mit Koji alkoholische Getränke. Die zweite Phase gehört der Schnapsbrennerei. Aufgrund der unterschiedlichen Siedepunkte vom Wasser und Alkohol wird Schnaps produziert, der viel reiner und vom Geschmack klarer und süßer ist. In der dritten Höhle der Yulin-Höhlen, einer Schwestern-Höhlengruppe in der Nähe der Mogao-Höhlen, sieht man auf den Höhlenfresken, dass Menschen in der Westlichen Xia-Dynastie schon über hervorragende Geräte und virtuose Geschicklichkeit für die Weinherstellung verfügen.

China wird seit dem Altertum als Land der Etikette bezeichnet und die Chinesen legen in der Geschichte großen Wert auf Kleidung und Schmuck, zeigen deshalb einen guten Geschmack in dieser Hinsicht. Damals gilt China als ein weltberühmter Modestandort, ist bekannt und weit und breit beliebt für seine auserlesene Kleiderkultur, wofür die Spenderporträts auf den Wandmalereien ein gutes Beispiel sind.

Die Spender, die das Höhlenbauen oder die Pflege der Buddha-Statuen in den Höhlen förderten, ließen normalerweise von Kunstmalern Porträts von sich anfertigen, die auch für die allumfassende Bekleidung stehen. Beispielhaft ist die Höhle Nummer 98 aus den Fünf-Dynastien, in der einige Porträts der Königin Cao vom Khotran Königreich (232-1006 v. Chr.), ein buddhistisches Königreich in den westlichen Regionen im alten China, hängen. Ihr Haarschmuck und ihre Kleider sind aus der heutigen Sicht immer noch prächtig und prunkhaft.

In den Höhlen in Dunhuang, wo buddhistische Heilschriften aufbewahrt werden, sind die Brahmi-Schrift, das Sanskrit, die Khotan-Schrift, die tibetische Schrift und andere Schriften vollständig und in gutem Zustand vorhanden, die als das Essenzielle der Weltzivilisation betrachtet werden sollten.

Die „All-Himmel-Sternenkarte" in den Höhlen für die buddhistischen Heilschriften, die als die früheste markierte Sternenkarte für die chinesischen Sternbilder bekannt ist, hat sich den Ruf „einer der wichtigsten wissenschaftlichen und technischen Errungenschaften des Alten Chinas" erworben.

Zur Restaurierung einer Wandmalerei aus der Tang-Dynastie beginnt Duan Wenjie vor mehreren Jahren damit, Hunderte verschiedene Bücher und Materialien zum Thema „Bekleidung im alten China" einzusehen. Er hat die „Verzeichnung der Bekleidungsrituale" aus unterschiedlichen Zeiten in den 24 Dynastiegeschichten gelesen und mehr als 2000 Karteien exzerpiert. Aufgrund dessen hat er nicht nur eine exzellente Freskenkopie für die Restaurierung vollendet, sondern sich auch einen Überblick über die Entwicklung der chinesischen Kleidung und Kopfbedeckung verschafft. Seitdem ist seine Untersuchung auf diesem Gebiet nicht zu bremsen, haben intensive Forschungen und Studien zu umfangreichen Themen der Bekleidung und Kopfbedeckung, u. a. der Stiländerung, der formalen Merkmalen sowie der Herkunft und Funktion, stattgefunden und Veröffentlichungen wie „Bekleidung und Kopfbedeckung in den Wandmalereien in Dunhuang" und „Kleidung der Kunst aus der Tang-Dynastie in den Mogao-Höhlen" hervorgebracht. Seine Studien haben sowohl die Erforschung zur Bekleidung im Altertum wesentlich bereichert, als auch in vielerlei Hinsicht die Untersuchung zu Bekleidungsgeschichten auf der ganzen Welt ergänzt.

Neben der Forschungsarbeit der Bekleidung haben die Wissenschaftler an der Dunhuang Forschungsakademie auf der Grundlage der wissenschaftlichen Untersuchung zu den Wandmalereien, vielfältigen Manuskripten sowie den gravierten Büchern in Höhlen für buddhistische Schriften ziemlich große Leistung auf Gebieten wie Astronomie, Geografie, Philosophie, Literatur, Kunst, Kalligrafie, Musik und Architektur erbracht. Auf diese Art und Weise hat sich die Dunhuang Forschungsakademie um die Bezeichnung das „Zentrum der Dunhuangologie" verdient gemacht.

Alle sind voller Emotionen. Wie viel sie sich für diesen Tag eingesetzt und Zeit sowie Bemühungen gewidmet haben! Duan Wenjie schaut Fan Jinshi, deren Lächeln die Augen umspielt, an und fragt: „Sollte dein Mann in diesen Tagen nicht schon ankommen?" Wenn davon die Rede ist, spürt Fan Jinshi sowohl große Freude als auch tiefe Gewissensbisse. Sie ist fröhlich, weil sie mit ihrem Mann endlich zusammenkommen kann, nachdem sie 19 Jahre getrennt gelebt haben. Gleichzeitig ist sie mit Schuldgefühl beladen, weil ihr Mann, Peng Jinzhang schon über 50 ist. Er war Vize-Dekan der Fakultät für Geschichte und auch der Direktor für Lehre und Forschung in der Fachrichtung Archäologie an der Wuhan-Universität. Er gilt als hochgeachtet, weil das Fach der Archäologie an der Wuhan-Universität von ihm gegründet wurde. Jetzt muss er jedoch auf alles verzichten, um diese öde und abgelegene Region zu betreten, und mit neuen Forschungsaufgaben beginnen.

Der zwei Tage später in Dunhuang angekommene Guo Jinzhang wird von allen herzlich empfangen. Als Familienmitglieder von Dunhuang-Schützern hat man es überhaupt nicht leicht. Um zwischen Beruf und Familie einen Ausgleich zu finden, muss nämlich jemand bereit sein, sich aufzuopfern.

Denn als seine Frau fest entschlossen ist, Dunhuang weiter zu schützen, verzichtet Peng Jinzhang auf Wuhan, um in Dunhuang seine Frau zu unterstützen. Er weiß gut von den Gewissensbissen seiner Frau, sodass er liebevoll die Haare seiner Frau streichelt und sagt: „Wenn es Gold ist, glänzt es immer und überall. Glaub einfach deinem Mann. Auch hier werde ich mich als sehr nützlich erweisen. Ich kann hier in meiner Forschung einen anderen Schwerpunkt, beispielsweise buddhistische Archäologie, setzen."

Peng hat vor Langem von seiner Frau gehört, dass die Mitarbeiter seit der Gründung des Dunhuang Forschungsinstituts vor mehr als 40 Jahren unter der Leitung von Chang Shuhong alle Höhlen, in denen es Wandmalereien und Farbstatuen gibt, systematisch nummeriert haben. Bis jetzt sind es 492 Höhlen, darunter sind 487 Höhlen im Südteil an den Felsen verteilt.

Die anderen fünf mit Wandmalereien bzw. Farbstatuen von Nummer 461 bis 465 befinden sich dagegen im nördlichen Teil an den Felsen, was eigentlich schwer zu verstehen sind. Im nördlichen Teil wurden nämlich über 200 Höhlen, die von oben nach unten wie ein „Bienenstock" verbunden sind, gehauen. An solchen dicht besiedelten Stellen stapeln sich die Höhlen sogar in fünf oder sechs Schichten, wodurch die Höhlen besonders imposant wirken. Seltsam ist aber, dass es unter den über 200 Höhlen nur fünf gibt, in denen Wandmalereien und Farbstatuen vorzufinden sind. Zu welchen Zwecken wurden die Höhlen ohne Wandmalereien oder Statuen gebaut? Lebte jemand dort? Wenn ja, wer? Waren es die Maler, die Fresken malten? Oder die Meister, die Farbstatuen aufstellten? Oder doch Mönche auf Wanderschaft? Außerdem müssen sie sich auch Fragen stellen wie: Zu welchen Dynastien gehören die Höhlen im Nordteil? In welcher Beziehung stehen sie zu den Höhlen im Südteil? Es gibt ja so viele Rätsel, die nun auf Antwort warten.

Peng Jinzhang möchte keine Zeit verlieren, sich auszuruhen, und beginnt sofort damit, die mehr als 200 Höhlen im Nordteil aufzuräumen und sie archäologisch auszugraben. Da die Höhlen im Nordteil keine Türen haben und Tausende Jahre ausschließlich von Sand und Staub bedeckt wurden, wandeln sich die Archäologen nach weniger Zeit schon zu „schmutzigen Schlammaffen". Auch Peng, der früher ein gepflegter Universitätsprofessor war, sieht nach ein paar Tagen einem einheimischen Bauer ähnlich.

„Ich verstehe jetzt, warum du ein Jahr nach der Ankunft von einer städtischen, modischen Studentin zu einem ländlichen, rustikalen Mädchen geworden bist." Peng treibt mit seiner Frau Scherz, während er sich das vom Sand und Staub bedeckte Gesicht wäscht.

Mit der Zeit werden die ungelöst gebliebenen Fragen, dank Lao Pengs Bemühungen schrittweise aufgeklärt.

„Es gibt keine Beweise dafür, dass die Höhlen für die Maler und Bildhauer eingerichtet wurden", erklärt Peng Jinzhang lächelnd Herrn Duan und den anderen, die um ihn stehen und eifrig Antworten bekommen wollen. „Die Höhlen im nördlichen Teil können wir in sechs Typen einteilen. Nämlich: Meditationshöhlen für Mönche, die buddhistische Meditation machen; Wohnhöhlen für Mönche, die jeden Tag dort wohnen; Buddha-Verehrungshöhlen für Mönche und normale Leute … Darunter sind zur Erleichterung der Aktivitäten der Mönche die Wohnhöhlen meistens geräumig und haben hohe Decke. Es gibt zum Schlafen Kang aus Erde und kleine Nischen, in die die Lampen gestellt wurden."

„Peng, gute Leistung!", sagt Duan Wenjie begeistert.

Das ist verständlich, weil diese Wohnhöhlen zum ersten Mal in der Region Dunhuang entdeckt wurden. Ihren Mann in bester Laune sehend, zeigt auch Fan Jinshi ein erleichtertes Lächeln.

Innerhalb von sieben Jahren hat Peng Jinzhang aufeinander folgend sechs archäologische Ausgrabungen durchgeführt und im Nordteil schließlich 248 vorhandene Höhlen an den Felsen festgestellt, die zusammen mit den 487 Höhlen im Südteil einen Umfang von 735 Mogao-Höhlen ausmachen. Die über lange Zeit rätselhaft gebliebenen Geheimnisse können endgültig gelüftet werden. Aus den vorhandenen 248 Wohnhöhlen, Meditationshöhlen für Mönche und den Höhlen im Südteil ergibt sich die Ganzheit der Mogao-Höhlen. Dadurch, dass die Anzahl der Mogao-Höhlen auf 735 steigt, wendet sich die Dunhuangologie einer neuen Ära zu.

„Jinshi, komm schnell und sieh mal nach, was ich habe!" Eines Tages spreizt Peng Jinzang geheimnisvoll seine Handfläche, sobald er ins Zimmer tritt. Auf seiner Hand liegt schimmernd eine Silbermünze.

Fan Jinshi nimmt neugierig die Silbermünze an sich. Während sie die Muster betrachtet, wird sie auf einmal aufgeregt: „Das ist eine … persische Münze?!"

„Genau, das ist eine Silbermünze aus dem Persischen Königreich", antwortet ihr Mann vor Freude strahlend.

„Peng, sie ist ja ein wichtiger Beweis für den Handelsverkehr auf der Seidenstraße!" Ihren Mann anschauend, der viel abgenommen hat, fühlt sich Fan Jinshi Mitleid mit ihm. Ihr Mann und die anderen Mitarbeiter im Team gehen jeden Tag früh los, kommen ziemlich spät zurück, haben mit reinem Sieben jede Fläche Sandboden im Nordteil aufgeschüttet. Und schließlich haben sie die einzige persische Silbermünze in den Mogao-Höhlen gefunden.

Aber nicht nur das. Peng und sein Team haben auch 48 Stücke beweglicher Holzlettern mit uighurischen Schriften entdeckt und große Mengen von Dokumenten mit chinesischen, mongolischen, tibetischen, uighurischen, syrischen und Xixia-Schriften sowie Sanskrit ausgegraben. Darunter gibt es alte Schriften, die längst verloren gegangen schienen, und auch Holzfragmente von buddhistischen heiligen Schriften und Buddhas aus Schlamm etc., insgesamt machen die Fundstücke über 70.000 kulturelle Denkmäler aus.

Insbesondere sind die 48 beweglichen Holzlettern, die mit ihrer Ausgrabung die Archäologie auf der ganzen Welt tief beeindruckten, von hohem Wert. Wie allen bekannt ist, entstand der Buchdruck mit beweglichen Lettern schon in der chinesischen Nord-Song-Dynastie (960-1127 n. Chr.), aber leider hatte niemand in der neuen Zeit die beweglichen Lettern je gesehen. Die 48 Lettern, die von Peng und seinem Team entdeckt wurden, gelten als die frühesten erhaltenen beweglichen Holzlettern auf der Welt und spielen deshalb eine grundlegende Bedeutung für die Erfindung und den Gebrauch von Buchdruck mit beweglichen Lettern im chinesischen Altertum.

14. Die gestohlenen Höhlenfresken

Vor dem chinesischen Frühlingsfest im Jahr 1989 hat es eine ganze Nacht lang geschneit. Dunhuang wandelt sich somit in eine in Silber gehüllte Welt. Frühmorgens macht die Aufsichtsperson der Mogao-Höhlen wie immer eine Runde und geht mit einer Lampe in jede Höhle. Beim Eintritt in die Höhle Nummer 465 blickt der Mitarbeiter gewöhnlich auf und merkt sofort, dass es an der rechten Wand eine dunkle Fläche gibt. „Etwas stimmt nicht!" Der Mitarbeiter ist schockiert, geht mit schnellen Schritten zur Überprüfung nach vorne. Beim Anblick bricht er in kalten Schweiß aus: Ein Stück der Wandmalerei wurde abgeschnitten! Dann geht er eilig mit der Lampe in der Höhle einmal herum und findet heraus, dass es in der Höhle 465 ungefähr 6 Stellen gibt, an denen Schnittspuren zu erkennen sind.

„Die Gemälde wurden gestohlen?!" Bei diesem Gedanken erwacht die Aufsichtsperson wie aus seinem Schock, eilt stolpernd aus der Höhle. Nun hat der Mitarbeiter zuerst dem Akademieleiter Herrn Duan diesen Vorfall mitzuteilen.

„Wurde die Höhle 465 bestohlen?" Der 72-jährige Duan Wenjie, der schon graue Haare an den Schläfen bekommt, ruft sofort bei der Polizei an. Außerdem macht er sich als Erster zur Überprüfung auf, in der Hoffnung, der Behörde für die öffentliche Sicherheit bei der Aufklärung des Falls behilflich zu sein.

Die bestohlene Höhle 465 ist die einzige Höhle für den tibetisch esoterischen Buddhismus. Sie wird als die „geheimnisvolle Höhle" bezeichnet, weil es darin „Geheimnisse" mit Steininschriften gibt. Zwar gibt es in dieser Höhle nicht sehr viele Wandmalereien, aber jede davon gilt als einzigartig, sodass unter den zahlreichen Wandmalereien der Mogao-Höhlen kein zweites Exemplar oder ein ähnliches Stück zu finden ist. Aus diesem Grund stellt sich die Höhle 465 als eine seltene und wertvolle Ressource zur Forschung des tibetischen esoterischen Buddhismus.

Als aber diese äußerst wertvolle Höhle nun unter den Diebstahl leiden muss, sind alle tief betroffen.

„Sind die Höhlenmalereien in Dunhuang gestohlen worden?" Auch das Ministerium für die Öffentliche Sicherheit ist vom Vorfall alarmiert. Das Ministerium ordnet eine landesweite Fahndung nach den Dieben der Wandmalereien an. Es ist seit der Gründung des Neuen Chinas im Jahr 1949 das erste Mal, dass jemand wagt, die Mogao-Höhlen anzugreifen. Der stellvertretende Provinzgouverneur, der auch für Dunhuang verantwortlich ist, kommt schnell und fragt: „Welche Malereistücke wurden gestohlen?"

Fan Jinshi macht sich gleich daran, alle Fotodateien der Wandmalereien in der Höhle 465 abzurufen. Dank der mehrjährigen Bemühungen sind jede Höhlenfreske und jede Buddha-Statue in den Mogao-Höhlen dokumentiert.

Die Polizisten führen mit Polizeihunden detaillierte Ortserkundung durch und finden heraus, dass die Türen der bestohlenen Höhlen verschlossen geblieben waren. Es gibt keine Spuren für gewaltige Zerstörungen. Aber es gibt an der Höhle ein dunkles Loch hinter einer Nische mit Buddhastatuen, was darauf hinweist, dass die Diebe durch das Loch in die Höhle Nummer 465 eingeschlichen sind. Auf der Grundlage dieser Feststellung kommen die Polizisten zum ersten Schluss: „Es sieht so aus, dass sich die Diebe vor Ort auskennen. Es handelt sich wahrscheinlich um einen Insider-Dieb." Dann stellen sie aufgrund der am Ort hinterlassenen Fußabdrücke fest, dass es um zwei Männer geht.

„Insider-Diebe? Wer könnte so würdelos sein?" Alle im Institut geraten in große Wut. Alle Männer stellen sich in Reihe und Glied auf und fordern, dass man ihre Fingerabdrücke nimmt und sie identifiziert.

Dank des vielen Schnees hinterließen die Diebe viele Fußabdrücke auf dem Boden. Die zwei waghalsigen Diebe trauten sich sogar zu, in den kleinen Laden vor der Mogao-Höhle einzubrechen und Snacks zu stehlen.

Durch eine umfassende Fahndung ist es den Polizisten schließlich gelungen, die zwei Diebe zu ergreifen. Einer davon hat an der Dunhuang Forschungsakademie gearbeitet, wusste vom hohen Wert der Wandmalereien. Deshalb kam er auf den krummen Gedanken, einen Komplizen, der ebenfalls davon träumte, ein Vermögen zu machen, zu finden. Die beiden schlichen durch das Loch in die Höhle und schnitt 6 Stücke von den Wandmalereien ab. Da die Flucht mit Wandgemälden ein zu offensichtliches Ziel war, nahmen sie nur einen Teil der gestohlenen Malereien mit, während der Rest unter der Erde vor den Höhlen begraben wurde. Sie hatten vor, nach einiger Zeit zurückzukommen und diese zu holen. Zwar sind nun die gestohlenen Wandmalereien wieder da, aber sie waren schwer beschädigt, mehrere Stellen zerschmetterten beim Weiterverkauf durch Kollisionen.

„Zwei Bastarde!" Die durchlöcherten und zerbeulten Wandmalereien betrachtend tut es Li Yunhe so weh, sie anzusehen.

Alle im Institut schweigen in diesem Moment, das Herz schmerzt allen bei dem Anblick. Sie wissen alle nur zu gut, wie schwierig es sein kann, die sechs Malereistücke, die abgeschnitten wurden, wieder an die originalen Stellen zu bringen. Und sie wie das Original zu restaurieren, ist eine reine Illusion.

Duan Wenjie sagt im ernstesten Ton: „Die zwei Diebe haben uns eine Lehre wie eine schallende Ohrfeige erteilt. Sie haben fast vor unseren Augen die Höhlenfresken geklaut, was bedeutet, dass wir in Sachen Sicherheit keine gute Arbeit geleistet haben."

So etwas soll nie wieder passieren, somit wird schnell das Sicherheitsbüro der Dunhuang Forschungsakademie ins Leben gerufen, das mit den fortschrittlichsten Geräten und Ausrüstungen ausgestattet wird, sodass die Höhlen nun unter einer lückenlosen und strengen 24-Stunden-Überwachung stehen.

Gleichzeitig beschäftigt sich Li Yunhe Tag und Nacht damit, die Malereistücke wieder fest an die originalen Stellen zu kleben. Ihm zur Seite steht immer sein Sohn Li Bo, der von klein auf seinen Vater bei der Restaurierung beobachtet hat und daher sehr beeinflusst davon wurde. Deshalb zeigt Li Bo großes Interesse daran und lernt seither bei seinem Vater. Nun wird er zum Meister für Restaurierung, der sich für den eigenen Schwerpunkt verantwortlich fühlt. Es tut Li Bo weh, wenn er sieht, dass sein Vater wegen des langen Hockens geschwollene Beine bekommt. Dabei schießen ihm einige Ideen durch den Kopf.

Li Yunhe pflegt in der Nacht allein in Höhlen zu schlafen, um Daten zu erfassen und um zu beobachten. Eines Tages, als Li Po seinem Vater das Frühstück brachte, fand er seinen Vater von Sand begraben, auf seinen Augenbrauen und seinem Bart lag eine dicke Frostschicht. Aus der Ferne betrachtet sah er wie eine Statue aus.

Ein anderes Mal fiel ein großes, schäbiges Malereistück plötzlich runter, als Li Yunhe auf dem Gerüst stand und mit der Reparatur beschäftigt war. Das Gerüst brach zusammen, wobei Li Yunhe von der zwei Meter hohen Stelle abstürzte. Seine erste Reaktion war, das Malereistück fest in den Armen zu halten. Als Kollegen zu ihm kamen, fanden sie die Wandmalerei unversehrt vor, während sich Li Yunhe beide Arme blutig wund gescheuert hatte.

Die von den Dieben gestohlenen Wandmalereien gelangen endlich an ihre früheren Stellen, leider mit deutlich sichtbaren Schnittspuren. Li Yunhe und Li Bo fangen an, Kopf an Kopf lehnend, nach Methoden zu suchen, die Schnittspuren möglichst wieder glatt zu bekommen. Li Yunhe betrachtet seinen Sohn, der sich auf die Arbeit konzentriert, und spürt tiefe Befriedigung sowie Gewissensbisse. Da er jeden Tag sehr viel für die Gemälderestaurierung arbeitete, hatte er sehr wenig Zeit für seinen Sohn, besonders als Li Bo noch ein Kind war. Der Junge musste einen langen Weg allein gehen, wenn er am Wochenende von der Schule nach Hause kam, weil Li Yunhe keine Zeit hatte, ihn abzuholen. Einmal wartete Li Yunhe sehr lange auf ihn, aber der Sohn kam nicht zu Hause an, dann bat er eilig die anderen, mit ihn zusammen das Kind zu suchen. Erst in der späten Nacht fanden sie nahe einer Sandgrube den zitternden Li Bo, der vor lauter Angst seinen Kopf mit der Jacke bedeckt hatte. Es war so, dass sich Li Bo auf dem Weg nach Hause in der Wüste Gobi verlaufen hatte. So hatte er eine Sandgrube gegraben und sich dort verstecken. Damals war er erst 7 Jahre alt …

Ein Jahr nach dem Diebstahl befinden sich die gestohlenen Malereistücke endlich wieder nahtlos an die originalen Stellen. Und Li Yunhe wird mit dem Ehrentitel „Ausgezeichneter nationaler Handwerker" geehrt.

15. Ein mürrischer Besucher

Viele Menschen stehen hinaufblickend vor den Tausend-Buddha-Höhlen und warten in der Reihe ungeduldig darauf, in die Höhlen eingelassen zu werden, um die weltberühmten Höhlenmalereien und Statuen aus der Nähe zu besichtigen. Ihre Gesichter sind voll von pilgerähnlicher Frömmigkeit und Erwartung.

Gleichzeitig macht sich Fan Jinshi aber große Sorgen: Es sind einfach zu viele Besucher in Dunhuang! Jeden Tag wird mit acht- bis neuntausend, manchmal sogar mehr als zehntausend Menschen gerechtet, zudem stehen die Goldene-Woche, Feiertage wie das Nationalfest, das Frühlingsfest usw. an, wo man im ganzen Land mindestens sieben arbeitsfreie Tag hat.

Aber in Hinsicht auf Feuchtigkeit, Temperatur und Konzentration von CO_2 müssen in den Höhlen strenge Voraussetzungen eingehalten werden, weil schon eine kleine Abweichung in jedem Kriterium zur schnelleren Alterung der Höhlenfresken führen könnte.

Als Fan Jinshi, die damals etwa 60 Jahre alt ist, 1998 jeweils Chang Shuhong und Duan Wenjie folgt und auf den Posten des Leiters von der Dunhuang Akademie nachrückt, lässt sie in den Höhlen Sensoren anbringen. Seit Beginn der touristischen Hauptsaison wurden die Sensoralarme bereits mehrmals ausgelöst. Es fällt schwer, eine stabile Feuchtigkeit und stetige Temperaturen zu halten, wenn pausenlos immer wieder so große Mengen an Menschen in die Höhlen drängen. Im Fall, dass so viele gleichzeitig in den Höhlen atmen, ist die CO_2-Konzentration überhaupt nicht auf einem stabilen Wert zu halten.

Die wunderschönen Statuen in den Höhlen sind vom Material her zerbrechlich, weil sie aus Schlemm, Gras und Holz bestehen. Aus den Experimenten, die Fan Jinshi gemacht hat, ergibt sich, dass sich die Feuchtigkeit, Temperaturen und CO_2-Konzentration in der Luft wesentlich verändern werden, falls es in den Höhlen dauernd so viele Touristen gibt. Die Simulationsstücke brechen nach Hunderten Tagen fast zusammen.

„Es ist furchtbar! Wir können auf keinen Fall bloß zusehen, dass die Wandmalereien und Statuen so einfach ruiniert werden, ohne etwas dagegen zu tun!" Zu sehen, wie es Tag für Tag kleinere Änderungen an den kostbaren Schätzen gibt, macht Fan Jinshi besorgt und sie denkt ständig über mögliche Lösungen nach.

Gibt es überhaupt die beste Lösung aus beiden Welten, die ermöglicht, dass das einerseits Millionen Besucher ihrem Wunsch entsprechend die Mogao-Höhlen nah erleben, andererseits die Malereien und Statuen gut erhalten werden, ohne dass sie irgendwie beschädigt werden?

„Wir könnten die Kulturschätze in den Höhlen außerhalb der Höhlen zeigen, damit alle Besucher sie im Freien besichtigen!" Ein kühner Einfall steigt in Fan Jinshi auf. „Wir könnten für jede Höhle, jede Wandmalerei und jede Statue ein digitales Archiv einrichten. Mit dieser hoch entwickelten Digitalisierungstechnik sollte das unglaublich schöne Angesicht der Mogao-Höhlen für immer erhalten bleiben!"

Eine weitere touristische Hauptsaison kommt. In dem von Menschenmengen erfüllten digitalen Ausstellungszentrum der Mogao-Höhlen schreit ein großer, stämmiger Tourist vor einem Ausstellungsmitarbeiter: „Wir sind extra einen langen Weg gefahren, um die Höhlen zu besichtigen. Warum führst du uns hierher zu einem digitalisierten Film?"

Der Ausstellungsmitarbeiter versucht, dies dem Mann geduldig zu erklären: „Mein lieber Herr, was Sie sehen werden, ist einen 360-Grad-Film. Das ist bei Weitem klarer als das, was Sie sich in den Höhlen anschauen könnten."

„Ein 360-Grad-Film, na und? Es bleibt trotzdem ein Film, oder? Einen Film kann ich mir doch auch zu Hause ansehen, worum reise ich also an diesen Ort?" Fast brennen die Augen des sehr verärgerten Besuchers. „Es ist nicht so einfach, mich zu täuschen. Ich will in die Höhle gehen und mir alles selber anschauen!"

„Er hat recht. Kann man überhaupt vom Besuch der Mogao-Höhlen sprechen, wenn man nicht in die Höhlen geht und die Denkmäler mit eigenen Augen sieht?" Die anderen in der Touristengruppe sind ebenfalls unzufrieden.

„Nach dem Film werde ich Sie zur Besichtigung in die Höhlen führen", lächelt der Ausstellungsmitarbeiter nach wie vor.

„Das ist Zeitverschwendung! Ich will direkt die Höhlen besichtigen!" Der wütende Besucher verzieht seinen Mund verachtungsvoll und unterbricht den Kommentator rücksichtslos.

Nun erwidert der Ausstellungsmitarbeiter ernsthaft: „Zum Schutz der Höhlenfresken und der Wandmalereien werden die Höhlen in der Regel im Dunkel besucht, was bedeutet, dass die Besucher nur vereinzelte Flächen sehen können, die mit den Lampen der Mitarbeiter erhellt werden."

Diesmal muss der Besucher erstarren: „Was? In der Dunkelheit besichtigen? Wie kann das sein?"

„Nicht nur das. Es gibt außerdem zeitliche Einschränkung für die Besichtigung, deshalb ist für jeden nur ein flüchtiger Blick im Vorbeigehen möglich. Mit der Zeit blättern nämlich manche Höhlenmalereien ab und die gut erhaltenen sind entweder nicht klar ersichtlich oder werden in der Eile schnell vergessen, weil sie ganz oben liegen, es ist nämlich sehr dunkel in den Höhlen."

„Was? Sind wir hier, ohne etwas in der Erinnerung zu behalten, was wir gesehen haben?" Der hitzige Tourist sieht nun lustlos aus.

„Du Hitzkopf!" Die Frau des ungeduldigen Mannes wirft ihrem Mann einen verärgerten Blick zu und sagt: „Bleib ruhig und höre zu, was er sagt!"

„Der 360-Grad-Film, den Sie bald sehen werden, gilt als die einzige Film-Show auf der Welt. Er ist so klar und ausgefeilt, dass jeder das Gefühl hat, live dabei zu sein. Besonders die vorzüglichen Kunstschätze, die in den Höhlen aufbewahrt sind, die normalerweise nicht für die Öffentlichkeit zugänglich sind, werden sicher ein wirklicher Augenschmaus für Sie sein."

Der ungeduldige Tourist wird ruhig und geht skeptisch mit anderen Besuchern dem Ausstellungsmitarbeiter folgend nach vorne.

Als im Kino schließlich der 20-minütige-Film zum Thema der tausendjährigen Mogao-Höhlen beginnt, wird die Menschenmenge in Sekunden ruhig. Alle sind von den gezeigten Szenen so angezogen, dass sie fast vergessen, mit den Augen zu blinzeln. Erst als zum Schluss der Name *Chefregie: Fan Jinshi* erscheint, erwachen alle wieder aus ihrer Faszination.

Der Hitzkopf scheint seine vorige Unzufriedenheit völlig vergessen zu haben, spricht nun laut und preist den Film mit Händen und Füßen: „Hoho, dieser HD-Film ist toll gemacht, das Bild ist super realistisch. Die Regisseurin Frau Fan Jinshi ist einfach großartig!"

„Durch den Film *Das traumhafte buddhistische Schloss* bekommen wir einen sehr guten Einblick in die Geschichte der Mogao-Höhlen." Die Frau des Hitzkopfs nickt energisch. Sie sagt weiter: „Er dient als eine

gründliche Vorbereitung, sodass alles für uns verständlicher wird, wenn wir bald die Höhlen besuchen."

Fan Jinshi, die immer in der Ecke steht und zuhört, lächelt erfreut.

Nach der Einrichtung der Abteilung für Digitalisierungsforschung ist es 80 Kollegen nach sieben ganzen Jahren Bemühungen gelungen, 27 Höhlen zu digitalisieren, was weit umständlicher und komplizierter ist, als man sich vorstellen kann. Die wunderschönen Szenen, die sich die Besucher jetzt ansehen können, stammen aus Hunderttausenden Fotoaufnahmen, jedes Foto wurde nach der Aufnahme von Kollegen jeweils verarbeitet bzw. technisch perfektioniert und dann montiert.

Um den ästhetischen Reiz der tausendjährigen Mogao-Höhlen lebendig wiederzugeben, haben sie viel gegrübelt und sich den Kopf zermartert. Ein gutes Beispiel ist die 15.8 Meter lange Nirwana-Statue in der Höhle Nummer 158, die als der größte schlafende Buddha in den Mogao-Höhlen gilt. Wenn sie bedrückt ist, geht Fan Jinshi gern zum liegenden Buddha und schaut ihn an. Sie wird dann schnell innerlich ruhig, wenn sie sein friedliches Dasein, seinen lächelnden Mundwinkel sieht. Wie kann man so einen Eindruck auf einem Foto am besten präsentieren?

Das war eine herausfordernde Aufgabe für Wu Jian, der für die Fotoaufnahme verantwortlich war. Er hat verschiedene Aufnahmewinkel ausprobiert und unzählbare Fotos von morgens bis zur Abenddämmerung gemacht, konnte sich jedoch nie in den 10 Jahren mit den gemachten Fotos zufriedengeben.

„Es ist schon 10 Jahre her, aber ich kann immer noch nicht die Stimmung des liegenden Buddhas richtig aufs Foto bringen."

An diesem Tag war Wu Jian wie immer schon ganz früh in der Höhle und stellte den Kameraverschluss ein, als ein Licht in die Höhle eindrang, das herrschende Dunkel durchbrach und genau in diesem Augenblick strahlend über den Mundwinkeln des Buddhas stand.

Als Wu Jian den so fast wiederbelebten Buddha durchs Kameraobjektiv erblickte, begann sein Herz wild zu klopfen. „Das ist der Moment, auf den ich so lange gewartet habe!" Er verlor keine Zeit und drückte den Verschluss. So entstand das Foto, das den Reiz des liegenden Buddhas am wahrsten erfasste.

Fan Jinshi geht aus der Höhle und auf den Sanwei-Berg, der den Mogao-Höhlen gegenübersteht. Von dort betrachtet sie die Wüste Gobi und den Dangquan-Fluss mit dem ausgetrockneten Flusslauf, die Mogao-Höhlen. Auf der Spitze der Klippe sind Rasenflächen zu erblicken, deren Anbau die Forschungsakademie mehrere Jahre gekostet hat. Sie stehen üppig gewachsen, schützen mit einer dichten Pflanzung zusammen die Tausend-Buddha-Höhlen in der tiefen Wüste. Die jahrelangen Bemühungen, Bäume zu pflanzen und Rasen auszusäen, haben endlich ihre Wirkung gezeigt, sodass der Sand in der Umgebung um 70 bis 80 Prozent reduziert ist.

Fan Jinshis Blick ruht auf den über 20 schwarzen Grabsteinen, die still auf einem Sandhügel stehen. Hier schlafen einige Ehepaare des Instituts: Chang Shuhong und Li Chengxian, Duan Wenjie und Long Shiying …

Im Jahr 1982 musste Chang Shuhong wegen Krankheit mit seiner Frau Li Chengxian nach Beijing umziehen. Obwohl der Umzug unvermeidlich war, wollte er sein Herz und seine Seele hier in Dunhuang hinterlassen. Er hing in der eigenen Wohnung in Beijing sogar einige Schellen, die im Wind *ding-ling, ding-ling* von sich gaben, auf, gleich wie die Windschellen an den Dachtraufen im neunten Stock der Mogao-Höhlen, auch Eisenpferd genannt. 1994 war der Mann, der in den vergangenen 50 Jahren Dunhuang stets geschützt hat, für immer heimgegangen. Als er im Sterben lag, wiederholte er nur einen Satz: „Im nächsten Leben komme ich wieder nach Dunhuang, um sie zu hüten." Seinem letzten Willen entsprechend wurde Chang Shuhong am Dangquan-Fluss beerdigt. Dann folgte der Akademieleiter Herr Duan, der mit seiner geliebten Frau Long Shiying zusammen beerdigt ist.

Fan Jinshi holt ein Foto aus der Jackentasche, auf dem ihr Mann Peng Jinzhang sie lächelnd anschaut, wie es früher immer war. Ihr Ehemann, der sie 50 Jahre begleitet hat, starb wegen einer Krankheit und ging für immer von ihr. Fan Jinshi küsst sanft das Gesicht auf dem Foto und sagt leise: „Lao Peng, nach meinem Tod möchte ich auch mit dir hier begrabt werden, sodass wir zusammen die Mogao-Höhlen weiter schützen, geht das?"

Eine Brise haucht ihr die grauen Haare auf der Stirn an, wobei das Eisenpferd am Neustöckigen-Gebäude helle und glockige Klänge von sich gibt. Und die Mogao-Höhlen stehen nun wieder von Tausenden goldenen Strahlungen eingehüllt in der Nähe.

Die Übersetzerin

Frau Duan Lijie hat langjährige Berufserfahrung als Hochschullehrerin für Germanistik. Sie hat im Fach Linguistik an der Beijing Fremdsprachenuniversität promoviert und sich auf die Forschung des gesprochenen Deutsch und des Sprachgebrauchs in den Neuen Medien spezialisiert, auf deren Grundlage sie mehrere wissenschaftliche Beiträge und Monografien veröffentlicht hat. Neben ihrer Lehr- und Forschungstätigkeit zeigt sie stetiges Interesse für die Übersetzungspraxis und praktiziert das interkulturelle Übersetzen mit dem Vorteil ihres Berufs.